KB117798

컨티뉴어스

CONTINUOUS

컨티뉴어스

오래오래 일을 좋아하면서 나를 키우는 법

윤소정 지음

다산
북스

안녕, 내 영혼의 친구
너 거기 있는 거지?

.
.
.

이름 모를 밤
긴 이야기를 조용히 들어줬던
너에게 이 글을 바친다.

컨티뉴어스: 계속 이어지는 것들의 속사정

벌써 13년,

오래오래 글을 썼네요.

시작은 외로움이었습니다.

아무도 내 이야기를 들어주지 않던 밤

무엇이라도 적지 않으면 미쳐버릴 것 같아서

쏟아냈던 글들이 벌써 13년째 이어지고 있습니다.

적었습니다. 내 영혼에서 솟아 나오는 것들을.

읽었습니다. 아무도 알아주지 않는 내 생각을.

고치고 또 고쳐먹었습니다.

서툰 열정과 깨져버린 믿음을.

그럼에도 계속 나를 믿어보고 싶어서

글을 쓰고, 또 쓰고, 또 쓰고, 또 썼습니다.

그렇게 쓰다 보면 나아졌습니다.

글을 쓰기 전의 나보다

아주 조금은 더 나은 영혼이 되곤 했습니다.

그래서 글 쓰는 일을 내려놓을 수가 없습니다.

어느새 16년,

꽤 오래 일했네요.

처음부터
일을 사랑하진 못했습니다.

지난 16년
일을 향한 내 마음은
늘 딸에게 더 좋은 것을 주지 못해
애달파하던 우리 엄마를 닮았습니다.

부끄러웠습니다. 팀원들에게 좋은 환경 주지 못해서.
미안했습니다. 고객들에게 더 나은 것을 주지 못해서.
부끄럽고 미안해서 일하고, 또 일했습니다.
나의 동료, 고객들에게
더 좋은 것을 주려면 내가 성장해야 했습니다.

돈은 큰 스승이었습니다.
미안하지 않게 돈을 벌려면 잘해야 했습니다.
당당하게 돈을 주려면 시장을 간파해야 했습니다.

사업은 딱 그릇만큼 성장했습니다.
사람을 잘 쓰려면
좁디좁은 내 그릇부터 깨야 했습니다.

사람을 품는 내 마음의 깊이와 넓이만큼
내 일의 폭이 결정되었습니다.

여전히 일은 어렵습니다.
하지만 고객에게 더 나은 것을 주고 싶은 미안함
팀원에게 더 나은 환경을 주고 싶은 애달픔은
반드시 나를 더 나은 사람이 되게 했습니다.
일을 사랑할수록 세상을 사랑하고 있었습니다.

그러니 일을 오래오래 하지 않는다는 건
상상할 수 없는 일이죠.

마침내 13년 전
'나'로 시작된 이야기는
'우리'의 이야기가 되었습니다.

글을 쓰다 보면 삭제가 가장 쉬운 날이 있습니다.
사업을 하다 보면 포기가 가장 쉬운 날이 있고요.
사랑을 하다 보면 이별이 가장 쉬울 때가 있습니다.

그럼에도 계속 나아가게 한 힘은
'우리'라는 단어에 있다는 것을
13년의 기록 속에서 찾아냈습니다.

글쓴이는 윤소정이지만,
삶은 결코 독백인 적 없었습니다.
글쓴이는 윤소정이지만,
등장인물은 셀 수 없이 많았습니다.
나의 기록인 줄 알았는데 우리의 기록이었습니다.

13년 전 나의 글은 혼자 시작했지만,
계속 이어질 수 있던 이유는 우리였기 때문입니다.
영어 컨티뉴어스(CONTINUOUS) 단어 끝에는
US가 있어 편안합니다.

영화 〈어벤져스〉, 만화 『원피스』, 이어달리기…
혼자가 아니라 팀이라서 안도감이 생기는 것들.
새는 알을 깨고 날아갑니다.
함께 날아갈 동료를 향해.

멀리 떠나본 새들은
컨티뉴어스의 가치를 압니다.
길을 떠난 순간 새들에게 리더는 없습니다.
지금 힘 좋은 새가 앞으로 치고 나가면,
그가 지쳤을 때 뒤따르던 새가
바통을 이어받아 있는 힘껏 날갯짓을 합니다.
함께 나는 새들은 끼룩끼룩 소리 내며 응원합니다.

윤소정이 시작한 여행이지만
서로를 지켜주고 싶었던 우리는
애타는 날갯짓을 이어가며 참 멀리 왔습니다.

컨티뉴어스의 진정한 의미는 13년 기록에
등장하는 수많은 이름 속에 담겨 있습니다.
그래서 인물, 에피소드 그대로 살렸습니다.

빠르게 사라지고 싶지 않아서, 느리게 성장했던

나의 부끄러운 밤들의 작은 성찰들.
우리의 평범한 날들의 용기의 날갯짓을
이제는 때가 되어 세상으로 돌려보냅니다.

나는 오래오래 일을 사랑하고 싶어서
우리의 이야기를 쓰는 중입니다.

한 장, 두 장, 세 장 그리고 성장
한 명, 두 명, 세 명 그리고 우리
'나'에서 '우리'로 가는 가치, 컨티뉴어스

나는 왜 무리를 했을까?

머리는 나빴지만, 운은 좋았다. 막 시작하는 나에게 이런 말을 해줬던 어른의 기록이 남겨져 있는 걸 보면.

빨리 성공해서 뭐하려고? 길이 사라지면? 1등으로 달리던 차가 제일 위험해. 막다른 길에서 되돌아가는 순간 꼴등이고. 빨리 달리다 지쳐버리면? 새롭게 시작도 해보기 전에 게임 끝이야. 너희 세대는 우리와 달라서 정해진 길이 없어. 길 없는 곳에서 현명한 친구들은? 오래가는 선택을 할 거야. 바보같이 1등을 하려고 애쓰지 않아. 지치면 나만 손해거든. 빠르게 성공하려고 힘 빼지 말고, 지치지 않는 선택을 해야 해. 그러려면 무엇보다 무리하지 말아야지.

으… 확실히 머리가 나빴다.
'무리'라는 단어에 이제야 밑줄 친 걸 보면.

무리(無理), 이치에 맞지 않는 태도. 지치지 않으려면 무리하지 말아야 한다는 말을 단박에 알아듣지 못해 무지하게 고생했다. 지난 13년, 거의 매일 밤 글을 썼다. 한 달에 100장, 1년에 1200장, 그렇게 13년 동안 쓴 글이 2만 장에 달한다. 이 글을 편집하는 사이 편집자가 여섯 번 바뀌었고, 13년의 기록을 한 권의 책으로 엮으며 나조차도 도망치고 싶었다. 그럼에도 읽고, 또 읽으며 다시 발견한 첫 글자는 '무리'였다.

무리를 했다. 성공하고 싶어서, 인정받고 싶어서 무리수를 뒀다. 그러다가 몸이 망가졌고, 가정이 망가졌고, 때로는 사람들을 다 적으로 만들어버렸다. 무리. 이치에 벗어난 순간부터 삶은 이상 신호를 보내주곤 했다. 내가 해석하지 못했을 뿐.

나는 왜 무리를 했을까?
성찰 1. 중력의 법칙을 몰랐다.

성공하고 싶었다. 꿈을 이루겠다는 그럴싸한 포장으로 무리히며 일했다. 밤낮으로 일하는 게 자랑이었던 그때 세 차례의 유산, 장기를 들어내는 큰 수술, 수술 다음 날도 강행군하는 게 책임감이라 생각했던 시절. 무리한 내 몸에 생긴 암세포와 깨져버린 남편과의 관계는 오히려 자연스런 일이었다.

뭘 그리 인정받고 싶었던 걸까? 세상에 나를 알리려 할수록 힘이 들어갔다. 내가 봐도 불편한 글, 서비스, 돈 버는 행위들은 그것에 매진할수록 주변에 적을 만들었다. 가장 큰 무대에서 큰 박수를 받던 날 자살 시도를 했을 만큼 내 삶은 엉망진창이 되었고…. 무리. 이치에 맞는 행동을 하지 못했던 나는 멍청하게 삶의 방향까지 잃어버리고 말았다.

순진했던 걸까? 끌어당김의 법칙에 관한 책을 많이 읽은 게 화근일까? '2020년 대한민국 교육 문화를 이끈다'는 거대한 꿈을 외치며 시작했다. 생생하게 꿈꾸면 당연히 이루어질 거라 믿었다. 하지만 현실은? 혹독했다. 서로 다른 물체는 반드시 끌어당기는 힘이 있다. 하지만 반드시 큰 것이 작은 것을 끌어당긴다. 즉, 끌어당김의 법칙을 움직이게 하는 건 중력의 법칙이었다. 이 당연한 이치를 난 너무 늦게 알아버렸다. 5000원짜리 아메리카노를 팔려고 해도 요새는 수천만 원을 모아야 카페를 차려 시작해볼 수 있다. 대한민국 사교육 시장 규모 23조 원. 당시 2000만 원도 혼자 모아본 적 없는 내가 무슨 대한민국 교육 문화를 바꾸겠다는 건가. 내겐 꿈을 끌어당기기 전에 한 장, 두 장, 세 장 나의 시간을 쌓는 성장의 시간이 필요했던 거다.

하지만 빨리 대박 내고 싶었던 나의 조바심은 어린 나를 폭파시켰다. 그동안 쌓아둔 것 없던 나는 그나마 내가 가진 몸과 젊음이라는 자원을 태워 에너지로 써먹었다. 그러자 점점 몸도 시간도 고갈되어 무기력한 나 자신만 남겨졌다.

우주에서 가장 밝은 별 초신성은 겉으로 보기엔 가장 밝게 빛나는 별이지만, 사실 폭발하여 사라지고 있는 별이다. 세상에 빛이 나고 있다는 건 그만큼 그의 에너지를 소진시키고 있다는 의미였다. 시작부터 빛났던 수많은 별이 있다. 빠르게 성공한 오빠, 히트친 언니, 대박 난 브랜드, 최고 매출을 달성한 동료 등…. 그들은 빛이 났지만 쌓아둔 시간이 짧을수록 자신의 에너지를 다 소진시켜 더 이상 안부 인사조차 건넬 길이 없었다, 사라져버려서. 이를 눈치 챘을 때부터 난 조급해하지 않기로 했다. 시간을 쌓고, 사람을 쌓고, 내 그릇을 키우는 날들을 기록하며 중력의 뿌리를 쌓아보기로 했다.

성찰 2. 꼬일 때마다 단단해지는 운명의 비밀을 몰랐다.

아들의 두 번째 생일 무렵 엄마는 내게 이렇게 말했다.

"너도 이제 아들 키워가며 알게 될 거야. 아무리 팔자 좋은 자식이라도 네 아들은 신이 아니야. 인간이잖니. 혹시 생각해 본 적 있어? 유전자가 왜 꼬여 있는지? 엄마는 텔레비전에서 유전자 염색체들을 볼 때마다 궁금했어. 왜 저렇게 배배 꼬여 있는지. 그리고 바다에 가서 힌트를 발견했지. 정박해둔 배를 묶어둔 밧줄은 모두 꼬여 있더구나. 만약 밧줄들이 모두 일직선이었다면? 다 금세 풀렸겠지. 밧줄은 꼬인 만큼 단단한 법이야.

흔히 인생 꼬인다고 하지? 꼬였던 만큼 단단해진 거야. 배배 꼬이고 엮여진 만큼 단단한 운명을 이끌 수 있지. 사람마다 쓰임이 달라서 큰 밧줄은 큰 꼬임, 작은 밧줄은 작은 꼬임이 있을 뿐. 누구나 인생은 꼬여. 꼬임 없는 밧줄이 태풍을 견딜 수 없듯이 꼬인 만큼 네 운명을 이끌어갈 수 있었던 거지.

돌아보면 엄마라는 존재는 자식 인생 꼬이는 날, 그 꼬임을 풀어주는 사람이 아니야. 배배 꼬이는 널 지켜본 사람이지. 네 운명이 꼬이는 날, 내 심장과 혈관은 꼬여졌어. 그렇게 심장병까지 생겼지. 그럼에도 단 한 번도 네 삶이 평탄

하길 기도한 적은 없단다. 돌아보면 네 주변에 널 지켜주는 사람들은 네 삶의 꼬임이 있던 날 더 깊게 엮인 사람들이고, 너의 지혜는 그 문제를 겪어가며 쌓인 거잖니. 너도 자식 키우며 알게 될 거야. 왜 인생이 꼬여야 단단해지는지."

그리고 며칠 뒤, 바다에 가서 정박된 배들을 유심히 살펴봤다. 엄마 말처럼 배가 클수록 밧줄의 꼬임은 두껍고 복잡했다. 각자가 견뎌야 하는 무게만큼 꼬여 있었다. 하지만 어느 순간 꼬임이 두려워졌다. 더 이상 사람과 엮이고 싶지 않다며 사람을 멀리했고 내 운명과 엮이고 싶지 않아서 '더 이상 복잡하게 생각하고 싶지 않다'는 비겁한 문장으로 문제로부터 도망쳤다.

그렇게 점점 내 운명과 느슨해졌던 날이 있다. 단단하게 꼬여야 할 때, 느슨하게 대충대충 엮어내자 딱 무기력이 찾아왔다. 삶에 대한 진지한 태도를 잃어버렸다고나 할까. 상처받고 싶지 않아서 쿨한 척 하고, 실패할까 두려워서 관심 없는 척 할수록 내 삶의 무게를 견인할 용기가 사라졌다. 차라리 너에게 사랑받고 싶다고 엉엉 울 걸 그랬다. 관심 없는 척 하기보다 멍이 들 때까지 넘어져볼 걸 그랬다. 삶의 문제는 수학문제와는 달라서, 해결이 될 때까지 일희일비하며 몸과 세월로 겪어나가야 함을 한참 뒤에 일었다. 인생은 꼬일수록 단단해진다는 걸. 그 꼬임의 두께만큼 운명을 이끌어갈 힘이 된다는 것을 참 늦게 알아버렸다.

나는 왜 무리를 했을까?

성찰 3. 성장의 비밀을 몰랐다.

참 쪽팔린 고백이다. 8년 전 내가 쓴 책『인문학 습관』 275페이지에는 이런 글이 적혀있다. 철학자 들뢰즈 표현까지 빌려 '정체성'이란 과거의 모습과 지금 모습의 차이로 결정되는 거라고 말이다. 18살의 내 웃긴 과거 사진까지 첨부해서 설명했다.

'나를 어떻게 공부해야 하느냐'는 질문에 '나'는 정해진 것이 아니라 계속 변화하고, 성장하고, 성숙하는 존재라고 답변했다. 그러나 많은 친구들이 기억하지 못하는 걸 보면 난 '성장'을 말할 자격이 없었다. 선생에 대한 냉정한 피드백을 이제는 받아들이기로 했다. 웃긴 사진 한 장으로는 남길 수 있는 잔상이 없었던 거다.

하지만 나는 운이 좋았다. 20대에 우연히 스티브 잡스가 숨기고 싶어할 만한 기록을 봤다. 무려「뉴욕 타임즈」에 9페이지나 실린 광고, LISA라고 하는 잡스의 대 실패작 컴퓨터 지면광고다. 얼마나 설명이 장황한지, '전설적인 프레젠테이션을 하던 잡스에게도 이런 날이 있다니' 충격을 받았다. 그리고 피식 웃음이 났다. 나도 윤소정 1.0인 거잖아? 이후 아이팟, 아이폰, 아이패드로 발전되는 것을 볼 때마다 묘한 희망을 품었다. 윤소정 2.0, 3.0 가능하겠는걸?

아마 그날부터였을 거다. 내가 '성장'에 대해 집착했던 건. 헤르만 헤세를 읽어도 난 그의 초년 작부터 말년 작까지 시간 순으로 읽었고, 그의 생각이 어떻게 변했는지, 변하지 않은 것은 무엇인지를 찾았다. 도쿄에서 마스다 무네야키의 기획을 공부할 때도 그의 첫 발자취부터 지금의 기획 변천사를 3년간 시간의 간격을 두고 따라다녔다. 여행을 할 때도 한 도시가 1년 주기로 어떻게 변화했는지를 기록한다. 성공한 사람을 만나도 꼭 과거에서부터 지금까지를 찾아본다. 절대 지금 하는 말만 듣지 않는다. 그가 왜 이러한 생각을 하게 되었는지 사이사이의 맥락을 읽어낸다. 성장은 '단어'가 아니라 '시간'에 있으니까. 한 장, 두 장, 세 장 쌓여서 성장이 된다는 것. 난 이 비밀을 조금 일찍 깨달았다. 선생으로서 잘못이 있다면 잘 전달하지 못했던 거다.

하지만 포기할 수 없었다. 〈윤소정의 생각〉이라는 구독 서비스로 나는 지난 13년간 엄마가 육아일기를 쓰듯 나를 기록하고 있다. 한 장, 두 장, 세 장 쌓여 성장이 된다는 것. 죽기 전까지는 증명할 수 있지 않을까? 윤소정은 헤르만 헤세를 좋아했다. 매일 글을 쓰면 그처럼 쓸 수 있을 줄 알았다. 겉멋이었다. 쓰는 일과 사는 일은 엄연히 달라서, 난 헤르만 헤세가 될 수 없었다. 그의 삶의 풍파는 베낄 수도, 그가 살아낸 시대를 훔칠 수도 없었다. 무엇보다 그놈의 '헤세처럼' 되고 싶다는 마음이 나를 죽였다. 가수는 솟아나는 것들로 노래를 하고, 화가는 솟아나는 것을 그린다. 누구도 서로를 가르치려고 하지 않는다. 그중에서도 난 솟아나는 것들을 글로 적는 사람이었다. 나의 글이 힘을 가질 때는 글을 잘 쓸 때가 아니라, 삶을 잘 가꿀 때라는 것을 이제는 안다.

시작할 때는 아무도 읽어주지 않았던 이 글을 함께 읽으며 삶을 가꿔온 친구들이 있다. 나의 영혼의 친구들. 우리는 닮은 구석이 많았다. 그래서 서로를 응원했고, 때로는 질투했다. 그럼에도 네가 나아가길 바라는 마음은 진심이었다. 너의 때가 오기를. 그때 가장 뜨거운 눈물의 박수를 보내는 마음은 사랑이었다. 오랜 기록을 정리할수록, 진심으로 친구가 되고 싶었지만 방법을 몰랐던 내 태도에 대한 부끄러움이 밀려온다. 그럼에도 계속 적었고, 그럼에도 나아갔다. 부끄러운 밤과 미안했던 새벽은 나를 계속 걸어가게 했다. 영혼의 친구, 너를 너무 사랑해서 너에게 배우고 싶었던 날들을 엮으며. 오늘도 난 그리움으로 부끄러움을 쓴다.

마음을 담아, 사랑을 담아
윤소정

CONTENTS

CHAPTER 1

시간의 중력
: 시간에도 무게가 있다면?

CHAPTER 2

선택의 중력
: 그때는 옳았지만, 지금은 틀린 것들

CHAPTER 3   **마음의 중력**

                    : 착해지기 전에 강해지기로 했다

CHAPTER 4   **안목의 중력**

                    : 아무리 노력해도 배울 수 없는 게 있다면?

이 글을 읽는 속도에 맞게 선곡된 음악들

오래오래 내 영혼을 지켜주고 싶었던 밤,
함께했던 음악들을 담아둡니다.
아래의 QR코드에 접속하시면
글에 어울리는 음악이 읽는 속도에 맞게 재생됩니다.

만약 나에게 노래를 잘 부르는 재주가 있었다면,
이렇게 오래 글을 쓰진 않았을 겁니다.
돌아보면 지친 나를 일으켜 세웠던 건
글보다 음악일 때가 많았습니다.

13년간 내 영혼을 응원해 주고
나의 외로움에 벗이 되어준 멜로디.
내 영혼에 새겨진 음악들을 정리해
그대 곁에 놓아두고 싶었습니다.

그날, 난 분명 혼자였지만
이 음악들 덕분에 외롭지 않았거든요.

PLAY LIST
잠시, 오늘 밤은
내 영혼의 친구가 되어주기로 했다.

"오늘 한 일을 내일도 하려고요.
이젠 시간의 중력을 쌓아가려 합니다."

CHAPTER 1

시간의 중력

시간에도
무게가 있다면?

억지로 무언가가 되려고 하지 마.

꽃은 때가 되면 반드시 핀단다.
자연발화.
네가 기억해야 하는 단어야.

억지로 피는 모든 것들은 적이 생기는 법이니까
지금부터 너의 편은 시간이 될 거야.

- 영혼의 친구 재현 오빠로부터

오늘 한 일을
내일도 하려고요

16년 동안 사업을 했는데 크게 성공하지 못했다. 내 자리가 썩 만족스러웠던 적은 없다. 꾸준함도 실력이라며? 열심히 하면 되는 거라며? 노력한 것에 비해 난 유명한 것도, 대박을 터트린 것도 없는, 일류는 되지 못한 참 어정쩡한 인간이다. 그러나 돌아보면 쪽박을 찬 적도 없고, 시장에서 퇴출당한 적도 없다. 왜 난 단 한 번도 이 관점으로 나를 평가해 본 적이 없을까? 아, 있다…. 내 남편. 신동일 씨. 나의 구세주.

강의 시장에서 16년 일하다 보면 이른바 대박 낸 친구들이 많아진다. 다들 '프로 성장러'들이니까. 남편의 절친은 비트코인으로 1년에 60억 원을 벌었고, 편집자 C가 퇴사 후 쓴 책은 올해의 히트작이 되었다. 내가 매달 발행한 〈윤소정의 생각〉 글을 꾸준히 읽고 회사를 열 배 키운 친구의 소식. 절친은 갑자기 텔레비전에 소개되며 스타 경영자가 되었다. 그들 삶에 일어난 기적 앞에서 난 가끔은 작아졌고, 꽤 무기력해졌다. 무식하게 계속 나아가기만 하는 내가 싫어질 법했다.

대박을 터트리지 못하는 건 실력이 없어서라고 자책했다. 미련하게 또 글을 쓰고, 공부하고, 꾸역꾸역 일을 이어가는 스스로가 참 답 없는 인간처럼 느껴졌다. 어김없이 누군가의 삶에 기적이 일어나는 날이면 조바심이 머리를 내밀어 한참을 씩씩거리다가 결국 내가 할 수 있는 일을 계속했다. 그 와중에도 시간은 성실하게 쌓였다.

이런 나에게 구세주가 되어준 사람이 남편이다. 이날 밤에도 잠 안 자고 씩씩거리면서 무언가 해보겠다고 고집 부리며 책상 앞에 앉아 있었다. 남편은 느긋하게 목욕이나 하자며 뜨끈한 물을 받아두었다. 그리고 지친 내 등짝을 밀어주며 이런 말을 건넸다.

"당신 참 열심히 살았어. 그치?"

"응…?"

"그런데도 여전히 조바심이 나는 거야? 윤소정의 가장 큰 무기는 성실함인데…. 성실함. 이거 굉장히 섹시한 건데 당신만 모르는 것 같아. 투자의 제1원칙! 돈은 버는 것보다 잃지 않는 게 중요하거든? 당신 지금 16년째 흑자경영이야. 주변에 대박 친 친구도 많지만, 그래서 잠깐 반짝인 것들도 많았잖아. 윤소정은 대박을 낸 적은 없어. 그러나 눈빛을 잃은 적도 없지. 시장에서 외면당한 적도 없고, 그래서 오래 빛나는 별. 그게 당신인 거야. 그거 꽤 괜찮은 포트폴리오일걸?"

"흑자경영?"

"그래. 교세라는 2018년까지 59년째 흑자경영이었어. 당신은 크게 대박 터트린 적도 없지만, 절대 잃지도 않아. 옆에서 지켜본 사람으로서 그게 늘 신기해. 참 묘해. 당신은 절대 무리하지 않아. 그러면서 매력을 잃지도 않지. 윤소정식 경영 방법. 물론 16년째 흑자경영으로 명함을 내밀기에는 세상엔 아직 고수들이 너무 많지.

내가 당신이랑 왜 못 헤어지는 줄 알아? 진짜 싸우면 밉거든? 근데 예순의 윤소정을 생각하면 꾹 참아져. 진짜 멋질 것 같아서. 남 주기 아깝거든. 복리 효과는 막판에 일어나니까. 내 기준에 매력적인 저평가 우량주들은 곡선이 느려. 그러나 잘 꺾이지 않지. 당신이 쌓아 올린 시간이 언젠가 수면 위로 올라온다는 걸 한 번도 의심한 적 없어. 너무 잘하려고도, 세상에 보여주려고도 하지 마 여보. 그럼 지쳐. 무리하지 마. 오늘 한 일을, 내일도 하면 돼. 당신은 분명 지금 잠들어도, 내일 또 그 일을 하고 있을 거야.

그러니까 오늘은 우리 꼭 껴안고 잠을 자자. 난 당신과 느긋하게 오래 사랑하고 싶어."

오늘 한 일을 내일도 하는 인간? 처음 듣는 표현이었

다. 그 앞에서 난 꺼이꺼이 울었다. 나를 알아봐 준 한 사람. 나도 모르고 있던 나의 본질을 읽어준 사람이었다. 맨날 자신을 불태우며 무리할 때쯤이면 침대로 데려가 준 사람. 내가 다 타버리기 전에 구해준 사람. 그 덕분에 16년간 1등을 한 적도 없지만 지독하게 시끄러웠던 성실함은 점점 평온함이 되었다. 그날도 그의 품에서 잠들었다. 시간은 나의 편이 되었고, 오늘 한 일을 내일 또 할 것이다. 벌써 16년째다.

중력의 법칙을 몰라
무리를 했다

스물일곱 살의 팀원이 갑상선암 판정을 받은 날. 억울해졌다. 그녀는 나와 많이 닮은 녀석이었다. 욕심도 많고, 감각도 좋다. 그러나 가진 거라곤 젊음과 건강한 몸밖에 없던 우리는 잘하고 싶은 만큼 무리를 했다.

내 몸과 젊음을 다 갈아 넣어 일을 했다. 그런 우리에게 돌아온 열매는? 20대 후반에 받은 암 판정. 그날, 병실에서 흘러나오는 눈물을 주체할 수 없던 기억이 난다. 망가져 버린 나 자신을 어찌해야 할지보다, 앞으로 어떻게 살아가는 것이 옳은 것인지 그 방법을 모르겠어서 엉엉 울었던 기억이 난다.

돌아보면 내 문제의 시작은 창업 첫날이다. '우리는 2020년 대한민국 교육 문화를 이끈다'는 위대한 비전을 품었던 날. 왜 하필 끌어당김의 법칙과 관련된 책을 봤는지. 의심도 없이 내 몸과 젊음을 다 바쳐 돌진했다. 그러나

2020년을 1년 앞두고 폐업 신고를 했을 때는 나뿐만 아니라 함께했던 친구들의 몸도, 젊음도 산산조각 나 있었다. 꿈이 문제가 아니라, 속도가 문제였다.

중력의 법칙을 몰랐던 우리는 무리하며 일을 했고, 그에 합당한 대가를 치러야 했다.

중력의 법칙.
물체 사이에는 반드시 서로 끌어당기는 힘이 존재한다.
중력의 세기는 그 물체가 가진 질량의 곱에 비례한다.

큰 것이 작은 것을 끌어당긴다. 중력의 법칙은 우주에 존재하는 모든 물질이 피해갈 수 없는 이치다. 그러나 가끔 내 주변에는 기적이 일어났다. 비트코인으로 대박 난 친구, 하루아침에 유튜브 '떡상'한 친구. 난 이들을 보며 기적을 끌어당기려 했지만, 그건 기적이지 법칙이 아니었다.

스물한 살 윤소정의 무게는 몹시 작았다. 물론 태어날 때부터 괴물 같은 친구들도 있다. 깡다구도 좋고, 리스크도 잘 감당하는 괴물 같은 인간. 하지만 난 너무 약했다. 내 생각으로 무언가 끌어당기기엔 쌓아놓은 지식이 없었고, 돈도, 실력도, 도와줄 친구도 없었다. 뿐만 아니라 내면이 쌓여지질 못했다. 그런데 나는 그때의 몸무게 빼고 무거운 게 아무것도 없었다. 습관을 만들어 본 적도 건강한 감정을 쌓아본 적도 없었고, 책을 많이 읽었던 것도 아니었다.

그러니 조금만 힘들면 쓰러질 수밖에. 열심히 버티려 할수록 애꿎은 몸뚱이와 젊음이 타닥타닥 소진되었다. 중력에 의해 끌어당기는 힘은 '질량'으로 결정되어서, 나보다 훨씬 무겁게 습관, 감정, 재능, 시간을 쌓아올린 것들은 작은 나를 끌어당겨 쓰러트렸다.

준비되지 않았던 난, 나보다 더 센 사람들 눈치만 보다가 어느 순간 돌아보니 끌어당기기는커녕 그들을 닮고 싶다는 이름으로 끌려 다니고 있었다. 뿌리 없이, 휘청휘청.

돌아보면 반드시 큰 것이 작은 것을 끌어당긴다. 요즘 같은 세상에서는 '돈'도 마찬가지다. 카페를 예로 들어보면 우리가 운영하는 뷰클런즈에서 5000원짜리 아메리카노를 팔려고 해도 당장 자잿값이 올라서 4~5억(2023년 기준)이 필요하다. 커피 한 잔 팔려 해도 큰돈이 쌓여 있어야 한다.

좋은 사람과 일하려 해도? 요새 일 잘하는 친구들은 돈 많이 준다고 해서 일하지 않는다. 자신의 포트폴리오와 결이 맞거나 재미있어야 일하려 한다. 내가 그 친구의 포트폴리오가 되어줄 수 있을 만큼의 경력이 쌓여야 인재들이 몰리기 시작한다. 내가 쌓아둔 큰 경력이 작은 인재들까지 끌고 오는 거다.

가장 큰 무게는? 경험의 무게였다. 스물한 살 윤소정

은 눈앞에 펼쳐져 있던 집안 문제도 해결하기가 버거웠다. 병들고, 가난한 아빠는 본인의 세금도 내지 못해서 딸에게 빚만 안겨주었고, 월세도, 생활비도 스스로 해결해야 했다. 단돈 2000만 원도 모아본 적 없던 내가 23조 원의 대한민국 사교육 시장을 이끈다는 것? 무리였다. 만약 그때 나에게 '간절하게 꿈꿀 시간에 중력의 법칙을 이해하고 시간을 네 편으로 만들어'라고 이야기해 준 어른이 있었다면 난 그렇게 바보같이 몸과 젊음을 다 불태워 스스로를 망가트리지 않았을 거다.

나의 어리석음은 돈이 없어서 생겼다. 정말 돈이 없어서, 돈 많은 사람들이 하는 말이 다 옳은 줄 알았던 거다. 그러다 나의 몸과 젊음을 홀라당 태워버렸다. 이 글을 쓰는 지금도 몸이 부들부들 떨릴 만큼 난 젊은 날의 나를 학대했다.

무모한 꿈은 나를 나아가게도 했지만, 나를 불쏘시개 삼아서 태워버리게도 했다. '최선을 다한다'는 말로 뼈를 갈아넣다 보니 이제는 1시간도 운전할 수 없을 만큼 꼬리뼈가 닳았고 유산을 하며 한쪽 난소는 도려냈다. 책임감이라는 이름으로 수술한 다음 날도 출장을 갔으니 나의 감정은 온전했을까? 결혼 생활은 정상적이었을까? 잘사는 것이었을까?

곧 수술하는 27살의 그녀에게 난 사진 한 장을 건넸다.

그때 많은 사람이 병실에 들어와 나에게 "좀 쉬어 가"라고 말했다. 하지만 내가 듣고 싶었던 이야기는 쉬라는 위로가 아니었다. 난 그녀에게 그때 내가 가장 듣고 싶었던 말을 건넸다.

"대표가 아니라, 언니로서 해주고 싶은 이야기야. 나도 네 나이 때 꽤 큰 수술을 했거든? 가족들도, 친구들도 이제 그만 쉬엄쉬엄 살라고 하더라? 근데 내가 듣고 싶었던 얘기는 쉬라는 말이 아니었거든. 지나고 보니 그날 내가 가장 듣고 싶었던 말이 뭔 줄 아니?

'그럼에도 계속 걸어가 봐. 걸어가다 보면 어느 날, 살아보길 잘했구나 싶은 날이 올 거야'라는 말이었어. 나에겐 이날이었어. 걷고 또 걷다가 단단한 행복을 만난 날. 이날 내 마음이 참 평온하더라. 회사에 큰 문제가 없었고, 내 삶의 문제들은 웬만큼 스스로 해결할 수 있을 만한 것들이었거든. 엄마 윤소정이 꽤 중심 잡힌 어른으로 성장해 있더라고. 시간을 쌓고, 또 쌓고, 쌓으니까 드디어 내가 중력의 법칙에 따라 제법 묵직한 에너지가 되어 있었던 거야. 내가 사랑하는 것들을 지켜줄 수 있을 만큼. 그렇게 걷고 걸어서 내가 만난 것은 *내가 사랑하는 이들과 큰 걱정 없이 맞이한 평온한 하루*였어. 우린 그것을 향해 가고 있던 거야. 그러니 돈 때문에 네 몸을 애태우지도, 빨리 성공하고 싶은 마음에 속력을 내려고 무리하지 않아도 되는 거지. 쌓여야 하니까. 지금 이 시간도 쌓이고, 또 내일도 쌓여야 하니까. 그렇게 쌓이다 보면 어느새 우린 꽤 묵직해질 거거든. 어떤 무게도 이끌어갈 수 있을 만큼. 그러니 나를 믿고 계속 가봐. 살아보길 참 잘했다 싶은 그날이 올 거야."

참 다행이었다. 정말 많은 친구가 젊은 날의 나에게 물었다. "그렇게까지 해야 하나요?" 뭘 그렇게 애를 쓰며 아등바등 사냐는 의미였을 거다. 그때의 난 속 시원하게 답변하지 못했다. 무엇을 향해 달려가는지 몰랐던 나는 돈을 벌려고 무리했고, 목표를 이루려고 무리수를 뒀고, 인정받으려고 애쓰다 지쳐 있었다. 그때는 아무런 대답도 할 수 없었다.

그러나 이쯤 와보니 알겠다. 그럼에도 계속 걷고, 또 걸어서 내가 얻은 것은 돈도, 성공도, 인정도 아니다. 사랑하는 것들을 지킬 수 있는 중력, 가치 있는 일을 알아보는 안목, 나의 시간을 귀하게 쓰는 태도였다. 그럼에도 쌓고, 또 쌓고, 쌓았던 시간은 단단한 어른의 뿌리를 만드는 시간이었다는 걸 이제는 대답할 수 있었다. 그제야 그녀의 얼굴에 화색이 돌았다. 그리고 나아갔다.

조잡한 젊음은
반복의 가치를 알 수 없다

'아, 쪽팔려…' 가끔 머리를 감다가 나도 모르게 욕이 나올 때가 있다. 흑역사가 떠오른 거다. 스물여덟 살에 난 4000억 원의 자산을 가진 부자와 친구가 된 적이 있다. 그는 사장들을 키워내는 훌륭한 선생이었다. 운 좋게 그가 저평가 우량주였을 때 종종 만나 대화를 나누곤 했다. 첫 만남, 그의 얘기는 너무나 신선했다. 머리가 쭈뼛쭈뼛 설 만큼. 그러나 만남이 이어질수록 같은 얘기가 반복되었다. 맨날 속으로 생각했다. '이거, 지난번에 해주신 얘기인데…' '얘기했던 걸 까먹으셨나?' 처음에는 설렘이었던 만남이 반복될수록 재미가 없어졌다. 돌아보면 정말 부끄러운 일이다.

20대에는 왜 그렇게 새로운 것들이 좋았을까? 영감 많고, 신선한, 새로운 정보를 업데이트해 주는 친구들이 멋져 보였다. 그런데 그때의 그 아이디어 많았던 친구는 지금 뭐 하고 있을까? 트렌디한 것들을 쫓던 친구들은 여전히 새로운 것을 가르쳐주고 있다.

반복….
아…, 반복….
그처럼 난 반복했어야 했다.
그래야 쌓였다.

최근 동료와 이런 얘기를 나눴다. "진짜 열심히 산 것 같은데 왜 우린 이룬 게 없지? 손에 잡히는 것도 없고, 허망하게 다 쓸려 나간 것 같다고 해야 하나?" *조잡한 젊음이었다. 우리는 도전도 좋아했고, 배우는 것도 좋아했다. 아이디어가 넘쳤고, 그렇게 시간을 쓰니 넓어졌다.* 반대로 그는 여전히 같은 말을 반복하고 있다. 반복한다는 것은 지켜간다는 의미였다. 자신의 본질을 지켜가는 사람들은 반복되어야 했다. 반복한다는 것은 새로워진다는 의미였다. 자신의 원칙을 지키면서 다음 단계로 가고 있다는 뜻이었다.

그러고 보니 나의 기획 선생님, 서점 츠타야를 만든 마스다 무네아키도 비슷한 관점을 나열한 적이 있다. 그때도 내가 못 알아들었던 거다. "나는 30년 전이나 지금이나 같은 생각이다. 이를 보고 '성장이 없다'고 얘기하는 이도 있지만 난 증거품으로 내가 30년 전에 작성한 창업 의도를 제시한다. 내 심지가 시종일관 흔들리지 않았다는 증거로. 1983년 츠타야 서점 히라카타점을 만든 이후, 사고방식을 바꾼 적은 없다. '젊은이들에게 라이프스타일을 제안한다'라는, 30년 전에 작성했던 창업 의도는 현재 내가 펼치고 있는 사업과 그대로 맞아떨어진다."

술에 취한 아저씨는 횡설수설 말을 반복하지만, 꿈을 이룬 아저씨는 일관된 말을 반복한다. 만약 내가 안목이 있었다면 난 횡설수설과 일관성의 차이를 알아냈을 거다. 아쉽게도 어린 날의 소정은 그런 안목이 없었다. 이렇게 한참 뒤에 반복한다는 것이 얼마나 우아한 일인지 깨닫고 아쉬움과 죄송한 마음을 담아 글을 쓸 재주밖에 없음이 안타까울 뿐이다.

돌아보면 중력의 법칙이 강했던 어른들이 있다. 그들은 돈을 쌓았고, 실력을 쌓았고, 사람을 쌓았다. 조잡하지 않고, 일관적으로, 지독하게 우아하게 꾸준하게 쌓아가고 있었다. 아… 왜 난 이걸 이렇게 늦게 눈치챈 걸까. 제길.

잔머리와
숙고의 차이

새해가 되면 엄마는 이야기를 하나씩 선물로 주셨다.

"옛날 한 마을에 벼농사를 짓던 꽤 똑똑한 청년이 있었어. 그해는 옆집 농사에 비해 자기 집 농사가 잘 안되었던 거야. 청년은 밤마다 잠이 안 왔지! 그러다가 머리를 썼어. 사람들 몰래 밤마다 나가서 자기 집 벼를 살짝살짝 위로 뽑아둔 거지. 아침에 일어나면 아주 흐뭇해졌어. 꽤 키가 커 보였거든. 그러던 어느 날, 바람이 세차게 불어오던 날. 청년네 집 벼들은 우수수 한 번에 다 쓰러졌지.

한 번의 숙고가 정상에 오르게 하고 한 번의 숙고가 낭떠러지로 떨어지게 하는 게 인생이란다. 숙고는 깊이 생각하는 거야. 한 번 더 생각하는 거지. 몇 날 며칠 한 가지를 생각해서 답을 찾아본 사람들은 다르단다. 깊이 생각해 본 시간만큼 깊은 뿌리가 생기거든. 반대로 잔머리를 많이 굴린 사람은 얄팍하지. 뿌리가 얕거든.

나무에는 크게 두 가지 뿌리가 있어. 직뿌리와 잔뿌리. 큰 나무일수록 그 무게를 견디기 위해 땅 밑으로 깊이 박히는 직뿌리가 필요한 법이란다. 땅속 깊이 내린 뿌리, 그게 사람에게는 숙고야. 한 번 더 생각할 때 만들어지는 생각의 깊이지. 하지만 직뿌리만으로는 당장 그날의 영양분, 수분 보충이 어려워. 그래서 잔뿌리가 있는 거야. 잔뿌리는 옆으로 뻗어나가서 주변 영양분을 쫙 빨아들이지. 그게 잔머리야. 반짝거리는 아이디어와 임기응변, 순발력으로 재치껏 해야 하는 일들이지.

어릴 때는 잔머리 좋은 친구들이 똑똑하다는 평가를 받아. 그러나 나이가 든다는 건 연륜이 필요한 순간이 점점 찾아온다는 거야. 그때, 깊이가 얕은 사람은 쉽게 우스워진단다. 잔뿌리는 뿌리가 약해서 바람이 불면 금세 날아가 버리거든. 뿌리가 금방 뽑혀버리는 거지. 소정이 네 나이는 숙고의 힘으로 일해야 하는 때야. 옆 친구가 장사 잘된다고 해서 잔머리를 굴릴 때도 아니고 옆집이 집 샀다고 해서 집 살 때도 아니지. 늘 한 번 더 생각하렴. 한 번 더 생각할 때 지혜의 문이 열리는 거야. 반대로 잘못 생각하면 낭떠러지로 떨어지기도 하지. 숙고가 쌓여서 너의 뿌리가 되어주는 거야. 큰 나무에겐 반드시 깊은 뿌리를 내리는 시간이 필요한 법이란다.”

그녀의 새해 인사는 늘 돈으로는 살 수 없는 것이었다.

이 얘기를 전해주려고 그녀는 얼마나 많은 시간을 생각했을까? 그 시간의 총량을 생각해보니 지혜의 가치를 감히 헤아릴 수조차 없다. 그 힘든 세월 그녀를 지켜준 건 매일 밤 숙고하며 쌓았던 중력이다. 생각하고, 한 번 더 생각하고, 또 생각했던 그 밤들이 쌓여 중력이 되어 그녀의 딸을 지켜주었다. 난 언제쯤 그녀를 지켜줄 만한 중력을 가지게 될까?

20대의 빠른 실행력은
30대의 조급함이 된다

20대 윤소정은 매우 빨랐다. 전투력이 좋았다. 1000시간 영어 공부를 하면 영어 천재 된다고? 강사님 말만 믿고 따라 해서 6개월 만에 진짜 한양대 외부 영어 강사가 되었다. 리더들은 인문학을 공부 한다고, 전국의 기업가들을 위한 강연을 연다는 설명을 보고 겁도 없이 학교 등록금을 빼서 회장님들과 함께 공부하러 갔다. 결국 그들 중에서도 10퍼센트 들어가는 인문학 클럽에 들어가 진짜 넓은 세상을 볼 수 있었다. 만나보고 싶은 사람이 있으면 통장에 2000만 원만 있어도 2000만 원 내고 외국으로 달려갔다. 그렇게 배웠고, 적용했고, 써먹어서 꽤 멀리 왔다. 진부하지만 사실이다. 땡전 한 푼 없이 시작해서, 이만큼 온 건 그 빠른 행동력 덕분이다.

그런데 참 신기하다. 난 변한 게 없는데 30대가 훌쩍 넘은 지금은 빠른 실행력이 조급함이 되어버렸다. 이제는 인스타그램 잘하는 사람들을 보고 영감 얻어 실천하면 내 색이 사라지고, 번쩍이는 아이디어라고 다 실행하면 팀원들이 폭발한다. 멋진 사람이라고 다 만나 배웠다가는 집중력이 고갈된다. 급한 성격 덕분에 20대에는 빠르게 실행하며 꽤 멀리 왔는데, 30대에는 조급함이 되어 내 발목을 잡는다. 일정 궤도에 오르면 더 이상 통하지 않는 기술이 있다. 게임을 쉽고 빠르게 이기도록 도와주는 명령어, '치트 키'가 달라진 거다. 난 그 코드를 새롭게 찾아내야 했다. 일정 궤도에 올라오면 언어가 달라진다.

마치 히말라야를 오를 때, 여기까지는 차를 탈 수 있지만 여기부터는 걸어가야 하고 여기부터는 눈발이 거세 아이젠을 착용하고 걸어가는 기술이 필요한 것처럼. 또 일정 구간부터는 헬기를 타지 않고는 보지 못하는 세계가 있듯이 언어 체계가 달라진 세계가 있다. 서른 중반. 지금인가 보다. 빠른 속도가 내 발목을 잡는 시점에는 무기력해질 줄 알았다. 아니다. *숙성의 시간이었다.*

처음에는 당황했다. 나… 전투력이 왜 이리 떨어졌지? 무기력한 건가? *최근 만난 20대 친구들은 전투력이 좋았다. 옛날의 나처럼 그날 배운 것을 바로바로 실천해서 멋진 결과를 낸다. 그런데 나는? 움직이지 않는다.* 이런 내가 낯설다. 열정이 없는 걸까? 늙은 건가? 그건 아닌데…. 아, 성격 급한 윤소정은 이제야 '숙성의 힘'을 키우고 있다. 늘 아이디어가 생기면 시도부터 했던 나에게 생긴 새로운 변화다. 김치가 숙성의 시간을 거쳐야 감칠맛을 내듯, 위스키도 숙성의 시간이 길어질수록 가치가 높아지듯, 아이디어도 숙성의 시간을 거쳐야 심플해진다는 것을 몸이 알아차린 거다. 복잡한 아이디어는 늘 복잡한 결과를 만들었다. 심플해질 때까지 숙성의 시간을 거쳐야 함을 아는 나이가 되었다.

할아버지의 매실주와
위스키의 차이

　우리 할아버지는 술을 참 좋아했다. 매실, 더덕, 산삼, 뱀 등으로 각양각색의 술을 담가두셨는데 판매할 수는 없었다. 맛이 늘 복불복이었기 때문이다. 할아버지가 돌아가시고 나니, 찬장 가득 쌓인 술은 처치 곤란이었다. 30년씩 된 것들도 있었으나 수백만 원에 거래되는 위스키와는 다르게, 가족들 사이에서도 거래가 이뤄지지 않았다. 삼촌들도 소주가 더 좋단다.

　숙성의 시간을 거쳐야겠다고 생각했을 때, 난 찬장 가득 쌓여 있던 할아버지의 담금주를 떠올렸다. 왜 밸런타인, 로열 설루트 30년은 100만 원에 거래가 되는데 할아버지의 30년 매실주는 거래되지 않을까. 비싼 술은 숙성이 잘 된 상태다. 위스키, 와인은 할아버지의 담금주처럼 찬장에 넣어 방치되지 않는다. 수확한 포도와 재료의 품종은 물론 시시때때로 변하는 날씨, 습도, 외부 환경을 고려하고 오크통의 위치를 이리 저리 바꾸며 증발하는 양에 따라 저장고 압력을 조절한다.

방치하는 것과 숙성하는 것은 다르다. 숙성이란, 원하는 맛을 얻기 위해 끊임없이 초점을 맞춰가는 미세한 과정이다. 지금 나에게 필요한 것은 방치가 아니라 숙성이다. 내 생각의 찌꺼기들을 증발시키고 짙은 원액만 남기는 시간, 나의 숙성은 그래야 했다.

내 안의 아이디어가 심플해질 수 있을 때까지 온도를 조절하기 위해 나보다 먼저 이런 아이디어를 실현한 사람을 만나봐야 했고, 적당히 혼자 고독해야 했고, 정리해야 했다. 에너지를 불어넣기 위해 공부해야 했고 무엇보다 기다려야 했다. 더 심플해질 때까지.

아…. 그러고 보면 강태공은 아무것도 하지 않은 게 아니겠다. 매일 밤 자기 안에서 울리는 수많은 마음의 소리, 그 마귀의 소리를 듣고 물리쳐야 했으니 매일이 수련이었겠구나…. 기다림의 수련. 그래 좀 더 멋져 보이게 나도 강태공 같은 때를 기다리는 기다림의 수련을 한다고 적어두자. 숙성의 수련. 생각이 복잡하다는 것은 일이 복잡하게 전개될 가능성이 크다는 거다. *심플해질 때까지 숙성시키자. 위스키는 그때 꺼내 마셔도 늦지 않다.*

봄날의 생일을 마치고,
여름의 생일을 맞이하며

여름이 시작하는 날, 동해에서 엄마는 말했다.

"여름이야. 곡식은 열받아야 무르익지. 너희도 열받는 날 너무 억울해하지 말거라. 분명 무르익고 있을 테니까."

서른네 살 여름 나의 생일, 임신을 했다. 서른여섯 살 여름 나의 생일, 17개월 아들은 제법 어린이 태가 난다. 곧 어린이집 간다고 하겠지? 그리고 곧 나도 마흔이다. 공자님은 유혹에 흔들리지 않고 나아간다고 해서 마흔에 '불혹'이라는 이름을 붙였다. 그러나 이대로 4년이 지나면? 별로 달라질 게 없을 것 같다. 여전히 좋아 보이는 것은 다 해보고 싶은 호기심 소녀. 사람을 좋아하지만 사람에게 금세 상처받는 어린아이. 이것도 저것도 제법 하는데 주특기가 무엇이냐 하면 한참 생각하게 되는 서른여섯의 나도 철이 들 수 있을까?

내 아들 복이가 태어나기 전 엄마다운 엄마, 아빠다운

아빠가 되고 싶다는 두 어른을 알게 되었다. 나의 엄마와 박재현이다. 두 사람 모두 "아이에게 친구는 많을 테니까 아빠가 필요한 날, 엄마가 필요한 날, 아빠 그리고 엄마 역할을 해주고 싶다"라는 말을 했다. 돌아보면 나도 늘 아빠다운 아빠를 가진 친구들을 참 부러워했다.

　　단단한 직업을 가진 아빠, 자기 가족을 지켜주는 아빠. 경험이 많아 진로에 대한 카운슬링을 척척 해주는 아빠가 있는 친구들이 부러웠다. 반대로 친구들은 우리 엄마를 부러워했다. 나보다 늘 한 발짝 앞선 생각을 하는 어른. 연애 문제, 사업 문제, 공부 문제 뭐든 엄마는 농사짓는 자연인답게 한 수 앞을 보고 늘 쉬운 비유로 날 이끌어준 어른이었으니까. 엄마도 아빠도 내가 태어났을 때는 어설픈 애어른이었다. 그러나 아빠는 어른이 되지 못했고, 엄마는 어른이 되었다. 그러고 보면 아무나 어른이 되진 않나 보다.

　　이번 생일엔 엄마한테 미역국을 끓여주지 말라고 했다. 나이 든 엄마한테 아들 키워달라고 한 것도 염치없는데 밥까지 받아먹는 건 부끄러운 일. 이제 나도 철이 들 시간. 내 계절에 대해 생각해 봐야 했다. 생일의 '생(生)'은 갑골문에 새싹이 돋아나는 모습으로 그려져 있다. 즉, 생일은 내 새싹이 처음으로 돋아난 날이라는 뜻이다. 그 씨앗이 돋아난 지 벌써 36년이나 되었는데 여전히 봄이라고 주장하는 건 자신의 철을 모르는 철부지 맞다.

그러고 보면 나의 봄은 참 일찍 끝났다. 20대의 나는 스스로 어떤 씨앗인지 몰라 여기도 기웃거리고, 저기도 기웃거리며 삽질이란 삽질은 다 해보면서 꽃을 피웠다. 꽃도 죽기 살기로 핀다고. 나를 이 땅에도 심어보고, 저 땅에도 심어보며 내 꽃을 피워보려 했다. 이 사람도 만나보고, 저 사람도 만나보며 양분을 얻어보려 했고…. 그리고 이젠 에너지를 분산시키며 꽃피울 시기는 끝났다.

여름은 열매를 키우는 시기. 식물에게 여름은 성장 속도가 가장 빠른 시기다. 죽은 것 같던 식물도 다시 가시를 뻗고 맹렬하게 꽃을 피운다. 나도 직감했다. 봄에는 이 솟아 나오는 에너지가 영원할 것 같았으나, 이제는 집중해야 한다는 것. 지금과 같은 나의 성장력을 다 쏟아내서 몰입할 수 있는 구간이 내 인생에 몇 번 안 남았다는 것도. 가을은 수확의 계절, 여름은 성장의 계절이다. 이번 생이 흉작이 되지 않게 하려면 마음을 좀 단디 할 필요가 있었다. 에너지를 한데 모아야 했다. 정리해야 할 게 참 많은 여름이다. 그래서 난 나의 봄은 끝났다는 걸 받아들이기로 했다.

얼마 전 마케터 친구 숭이가 이런 글을 올렸다.

스시 장인이 되려면?
1년 차: 청소와 같은 허드렛일만 진행

2년 차: 위와 동일

3년 차: 위와 동일

이런 경우 3년 차의 경력을 쌓았지만, 과연 3년 차 경험이라 할 수 있을까? 진짜 실력을 갖추려면 2년 차에는 그다음 일, 3년 차에서는 그다음 일로 나아가야 스시 장인이 될 수 있다. 즉 경력은 실력이 될 수 없다. 얼마 전 내 동생이 건설 현장에서 일한 지 3년 만에 회사를 옮기면서 같은 피드백을 받았다.

"야, 너는 3년 차가 ○○자격증도 없냐? 그냥 넌 등골 빠지게 열심히만 한 거야. 3년 차면 뭘 해야 하는지 큰 그림을 보지 못하고 일한 거지. 어디서 일을 그따위로 배웠냐? 너 3년 날린 거야, 인마."

3년 전에 자격증을 취득했다면? 지금 갈 수 있는 현장 규모가 완전히 달라졌으리라고 했다. 처음에는 억울했는데, 3년차에 알게 되어 다행이라고 생각했단다. 벌써 16년째 나의 일을 하고 있는데 경력만 많은 사업가가 된 건 아닌지, 활동만 많이 한 기획자는 아닌지. 무엇을 놓치고 있는지 성찰하지 못하면 나는 또한 철부지가 되지 않을까? 생각이 많아지는 여름밤이다.

나의 여름이 한창이다. 폭우는 쏟아지고, 폭염으로 땅은 푹푹 찐다. 농사꾼들의 근심·걱정이 끊이질 않는 여름.

그럼에도 이 시기를 잘 보내야 열매를 맺는다는 걸 알았던 선조들은 여름의 어원을 열매에서 가져왔다. 그래서일까? 매미 소리도 반갑고, 갑자기 쏟아지는 소나기도 사랑스럽다. 곳곳의 혈기 왕성한 나뭇잎이 내 모습 같아서 괜스레 뭉클한 여름날 생일의 기록이다.

"이제 나는
꽃을 피우는 봄의
청춘은 아닌 것 같아.
집중해서 나의 열매를 가꾸는
무서울 만큼의 성장세를 보여야 하는
여름인 거지.

내 아들의 봄꽃이 아름답도록
엄마는 엄마의 계절로 가려 해.

너의 곁에 엄마가 필요한 날,
엄마다운 엄마로 존재할 수 있도록
엄마의 계절에 서 있을게.

36년 전 씨앗이 피어났던 그날에
윤소정의 여름을 축복하며."

열받는 날 너무 억울해하지 말기를.
분명 무르익고 있을 테니까.

"20대에는 내 선택을 최고로 만들어야 했습니다.
 그러나 이제부터는 지속적으로 옳은 결정을 하는 직업을 가져야 했습니다."

CHAPTER 2

선택의 중력

그때는 옳았지만,
지금은 틀린 것들

직감적으로 느꼈어.
축구선수가 은퇴를 하고
코치, 감독, 구단주가 되는 변신을 하듯이
나도 첫 번째 은퇴를 해야겠더라고.

과거의 '열심히' 일하던 방식으로는
더 이상 갈 수 없는 구간에 들어선 거야.
유리천장, 보이지 않는 저 천장을 깨려면
내가 만들어둔 이 세계를 깨고 나아가야 하더라고.

내가 전부라고 믿었던 세상을 깨트리고
일하는 방식을 바꾸던 날들의 기록들.
그때는 옳았지만, 지금은 틀린 것들이 등장하던
내 환절기의 생각들을 엮어내며.

지속하지 못해서 사라지는
힙한 가게들

옆집 사장님과 작별 인사를 나눴다. 오늘 송리단길에서 가장 힙했던 카페가 또 영업을 종료했다. 이로써 비슷한 시기에 함께 오픈한 다섯 개 매장이 모두 문을 닫았다. 이 골목에 남은 건 오직 우리뿐. 그래서 기쁘냐고? 전.혀. 씁쓸함에 침까지 쓰다. 남 일이 아니다. 나도 3년 전, 8년간 영혼을 갈아 넣어 만들었던 브랜드를 정리하고 여기서 다시 시작했으니까.

시작하고 딱 1년 만에 코로나가 터졌다. 그럼에도 우리는 사업을 여섯 배로 성장시켰다. 하지만 벌써 사업 16년차. 키우는 것이 제일 쉽다는 것쯤은 안다. 급속도로 성장시키는 것은 생각보다 어려운 일이 아니다. 지속하는 것…. 그건 아무나 하는 일이 아니다.

20대에는 꿈이 영원할 것 같았다. 실적도 좋았고, 그야말로 힙했다. 유일무이했다. 그러나 지속가능성에 대한 개념을 배워본 적 없었던 난 실수투성이였다. 그때는 일단 '시작'만 할 줄 알았다. 심지어 작은 카페 같은 것을 오픈하면서 퇴로를 짠다는 건 바보들의 일인 줄 알았다. 어린 나에게 누구도 '입구', '출구'의 개념을 설명해주지 않았으니까. 참 상식적인 건데 말이다. *꿈만 꾸라고 했지, 끝점을 그려보자고 한 어른을 만나지 못했다.* 영원할 것 같던 국가도 사라지는 판에 매장이 사라지는 것, 브랜드가 소멸하는 건 당연한 일인데 왜 나는 젊음, 패기, 하루살이 인생의 플랜만 알고 있었을까?

20대는 입구를 찾고, 40대는 출구를 찾는다. 그러나 지속가능성을 생각해 보지 않고 출구 없이 일하면 결국 내가 걸었던 길은 미로가 되어 내 손으로 그 길을 폭파해야 한다. 반면, 제국이 되었다는 것은 이제 쇠퇴할 일만 남았다는 뜻이기도 했다. 어린 날의 난 성장한 뒤에 오래 지속하는 것에 대한 개념이 없었다. 평생 건강할 줄 알아서일까? 늘 오늘이 전부인 양 다 갈아 넣어 일했다. 그러다 보니 진짜 오늘밖에 없었다. 출구가 보이지 않을 때쯤, 우린 몸이 지쳐서 자신의 성을 스스로 부수게 된다. 지속한다는 것에 대한 개념 없이 시작한 모든 친구의 최후였다.

스물아홉 살 어떤 밤
자살을 결심했다

　그날도 어김없이 큰 방송 무대에 오른 직후였다. SNS 곳곳에 내 영상이 떴고, 포털 사이트 메인 창에 여러 번 소개되었다. 수많은 평가가 쏟아졌다. 응원이나 악플같은 누군가의 평가에는 늘 익숙했다. 그러나 날 무너트린 한 문장은 언젠가 나와 함께 일했다는 누군가가 남긴 댓글이었다. 그의 표현에 따르면 난 악마였다. 동료들은 절대 이런 적 없다며 화를 냈지만, 잘잘못을 떠나 난 점점 사람들과 함께 살아갈 자신이 없어졌다.

　돌에 맞은 나는 더 이상 일어날 힘이 없었다. 그러자 우리가 평생 쌓아 만든 일터가 위험해지기 시작했다. 대중은 진실에 관심 없었다. 더 자극적인 것, 진실보다 더 그럴듯한 거짓을 만들어냈다. 한순간에 우리가 평생 쌓은 성이 공격받고, 함락될 것만 같았다. 사랑하는 것들을 지켜낼 수 없을 만큼 내가 무능하다는 생각에 부들부들 떨었다.

한 신문사는 나를 돈에 인문학을 파는 사람 취급 했고, 어떤 댓글들은 내 명예를 훼손했다. 몇몇은 변호사를 고용해 법적 대응을 한 적도 있고 사실관계를 바로잡기도 했지만 이미 태풍으로 지붕은 날아갔다. 여러 번 죽고 싶었다. 세상에 목소리를 내려면 그에 합당한 대가를 치러야 하는 걸까? 문제는 내가 점점 죽어가고 있다는 것이었다.

정신이 탈탈 털린 날에도 수업을 해야 했고, 글을 써야 했다. 팀원들 월급을 줘야 하니까. 월급은 우리에게 생존의 문제였다. 시간이 지날수록 그 무게는 익숙해지긴커녕 더 두려워졌다. 내 몸집을 더 키웠다가는 한순간에 날아갈 것 같은 이 공포감을 난 더 이상 견딜 자신이 없었다. 유명한 유튜버, 인스타그래머, 블로거 등등이 탄생하는 퍼스널 브랜딩의 시대. 난 반대로 그 길에서 내려와 지속가능할 수 있는 길을 선택하기로 했다. 그날 난 홀로 돌을 맞았고, 철인이 아니라서 혼자의 힘으로는 사랑하는 것들을 더 이상 지켜낼 힘이 없었다.

오래가는 것들엔
선택이 직업인 사람이 있다

우연한 기회에 《매거진B》 대표님과 술을 마신 적이 있다. 그를 소개해 준 친구는 '매우 감각적인 디자이너'라서 나와 잘 통할 것이라고 했다. 그러나 이게 웬걸… 한때 예술가였지만 이제는 꽤 훈련된 사업가처럼 보였다. 그를 만났을 때 피터 틸이 스티브 잡스를 표현했던 구절이 생각났다. '사람들은 스티브 잡스를 아이폰, 맥북을 만든 예술가로 기억하지만 진짜 예술은 그의 비즈니스였다'고. 잡스가 디자인한 가장 위대한 작품은 애플이라는 사업이라는 것. 결국 사업을 예술로 승화하는 이들이 있는데 그도 그런 사람 같았다.

그는 디자이너였지만 네이버와 'JOH'라는 팀에서 회계, 기획, 재무, 투자, 협상 등의 사업적 감각을 고루 익힌 훈련된 사업가였다. 《매거진B》를 100권 이상 발행하며 훈련된 감각은 말할 것도 없고.

난 그에게 물었다. 100권의 브랜드를 정리하면서 내린, 브랜드에 대한 그만의 정의가 무엇이냐고.

"결국 브랜드는 최종 결정권자가 '돈'을 어디에 쓸 것인지 선택하는 일이죠. 그 선택에 따라 브랜드의 운명이 달라집니다. 《매거진B》를 10년 동안 발행하면서 알게 되었어요. 한 브랜드가 만들어지는 데 최소 50년이 걸립니다. 이솝도 트렌디해 보이지만 1987년에 만들어진 브랜드고, 프라이탁도 30년, 르라보도 20년 걸려 만들어졌죠. 브랜드가 되는 데는 분명 오랜 시간이 걸립니다. 그 시간 동안 최종 결정권자는 지속적인 선택을 합니다. 어디에 돈을 써야 할지요. 그게 현실적으로 가장 중요하더군요.

정말 기가 막힌 예시가 츠타야죠. 마스다 무네아키가 진짜 멋있는 이유는 다이칸야마 주차장에서 드러납니다. 관광객일 때는 몰라요. 하지만 진짜 일본에서 살아보면 그가 '주차장'에 엄청난 돈을 썼다는 걸 알게 됩니다. 그 비싼 도쿄의 땅에다 주차장을 만든 겁니다. 고객이 지상 주차장에 딱 주차를 하고 여유롭게 이 공간을 누렸으면 좋겠다는 생각을 실현하기 위해서요. 도쿄 한복판의 지상 주차장에 돈을 쓰는 그 결단력, 그게 기획이죠. 그게 브랜드가 만들어지는 과정이고요. 그 결단력을 읽어낸 순간, 으… 감탄사가 절로 나옵니다."

최종 결정권자가 '돈'을 어디에 쓸 것인지 수십 년간 잘 결정했기 때문에 그들이 지속해서 생존할 수 있었다. 반대로 난 시작할 때 '얼마를 벌었으면 좋겠다'는 목표를 세웠을 뿐, 대한민국 교육 문화를 이끌겠다는 비전만 가졌을 뿐, 어떤 선택을 지속해야만 계속 이어질 수 있는지 배워본 적도 없고 돈을 어떻게 쓰는지 눈여겨본 적도 없었다. 심지어 지속적으로 선택하는 것이 직업인지도 몰랐다. 그래서 우리는 사라지거나, 스스로 폭파하곤 했다.

초기 기획에 힘을 쓰면 처음에는 잘되게 할 수 있다. 그러나 고객은 금방 질린다. 아무리 비싼 호텔도 처음 갔을 때가 제일 좋다. 두 번째 갔을 때도 좋으려면? 반드시 매력을 증진시키는 새로움이 있어야 한다. 똑똑한 브랜드에는 그 가치를 지속시키는 '선택'을 하는, *지속적으로 옳은 선택을 하는 것이 직업인 사람*이 있다. 그들이 그 브랜드의 운명을 결정한다. 이 당연한 이치를 깨닫는 데 왜 이렇게 오랜 시간이 걸렸을까.

이제부터 나의 직업은
지속적으로 옳은 선택을 하는
사람이어야 한다.

어릴 적 사진은
왜 B컷만 남았을까

내 어린 시절 앨범엔 못생긴 사진만 남아 있다. 예쁜 사진은 초등학교 때 과제 한다고 다 가져가서 남은 건 B컷 사진뿐이다. 만약 엄마가 내게 예쁜 사진을 남겨주고 싶었다면? 많은 사진을 뽑아줄 것이 아니라 가장 잘 나온 사진을 여러 장 출력해 두었어야 했다. *장기적 관점. 그건 의외로 일상에서 매번 놓치는 것들이다.*

20대의 나도 그랬다. 그때의 난 장기적 관점 따윈 없었다. 닥치는 대로 열심히 살았다. 그러다 보니 '윤소정'이라고 하는 거대한 개인이 키워졌다. 닥치고 성공하면 되는 줄 알았으니까. 그냥 내 생각이 맞는다는 것을 증명하고 싶었을 거다. 블로그에 글을 썼고, 강의를 했고, 더 탁월한 콘텐츠를 만들어서 이걸 내가 만들었다고 자랑했다. 대한민국 교육 문화를 내가 이끌 수 있다는, '내가 옳다'는 것을 증명하고 싶었던 그 마음은 인정한다.

하지만 전쟁터에서 뛰어난 장군은 상대편에게 가장 먼저 제거해야 할 타깃이 된다. 산에 가보면 가장 오래된 나무는 곧거나 아름답지 않다. 곧고 아름다운 나무는 나무꾼들이 일찌감치 베어 가버리니까. 그런데 나는 왜 그렇게 뛰어나지려고 했을까? 내가 옳다는 것을 증명하고 싶었을까? 전쟁터에서 싸우는 장수는 자신의 탁월함이 아니라 집단의 탁월함을 선택한다. 무식해서 장기적 관점으로 선택하지 못했다는 고백밖에는 할 말이 없다.

맥도날드가 경영을 할 때 가장 위험한 순간이 있었으니, 나처럼 특출나고 싶었던 직원이 있었을 때다. 그가 너무 맛있는 햄버거를 만들어내자 손님들은 '윤소정이 만든 햄버거'를 달라고 난리였다. 그 순간 다른 이가 만든 햄버거는 맛없는 것이 되어버리니까. 때로는 맛있는 햄버거가 맛없는 햄버거보다 위험하다. 윤소정이 퇴사하면 맥도날드는 사라져 버릴테니까. 20대 내내 특출난 윤소정을 만들려고 했던 선택이 쌓이며 우리는 지속할 수 없는 이상한 비즈니스 모델이 되어버렸다. 내가 쓰러지면 조직 전체가 쓰러질 수밖에 없는 이상한 상황을 만들어버린 거다. 일부러 그런 것은 아니다. 시작할 때는 정말 몰랐다.

그냥 열심히 했고
또 열심히 하면 해결될 줄 알았다.

차라리 아무것도
하지 않았어야 했다

그때 우리가 운영한 회사 이름이 '나를 공부하는 학교, 인큐'였다. 모두가 스펙에 미쳐 있을 때 영어 강사로 시작해 인문학, 심리학까지…. 한때는 우리나라 최고의 교육 기업 M에서 8차선 고속도로를 뚫어줄 테니 같이해 보자고 여러 번 투자 제안을 했을 만큼 나름대로 인지도가 있었다. 내 영혼을 갈아 넣어서 8년간 2만 명의 친구를 모았으니까. 모두 유료 수강생이었다. 사람들의 인식 속에 '나는 왜 공부해야 하는지'에 대한 'why'가 없을 때, 난 그들을 설득하려 매일 전국을 돌아다니며 강의를 했다. 밤에는 글을 쓰며 설득했다. 시장을 확실하게 읽은 건 맞다. 이젠 스펙이 아니라 자기 자신을 공부해야 한다는 것. 그러나 난 지속가능한 비즈니스 모델을 만들 줄 몰랐다.

10년 넘게 새벽 2~3시에 퇴근하면서 온몸을 불태우다 보니 점점 지쳐만 갔다. 축적된 것이 없었다. 그날도 정말 더 이상은 못 하겠다고 울고 있을 때, 남편이 이렇게 말했다. "당신이 SNS를 취미로 할 수 있을 만큼 내가 나가서 돈 벌어 올게." 그 말을 듣고 엉엉 울었던 기억이 난다. 그냥 고마워서. 그리고 딱 1년 만에 정말 그리되었다. 정말 제대로 된 스승에게 배웠기 때문이다.

그에게 사업을 가르쳐준 형님은 은둔형 고수였다. 술 좋아하는 아저씨, 열심히 살고 싶지 않아서 효율적으로 일하는 아저씨. 그의 본명을 아는 이는 거의 없다. 전설처럼 사라졌다가 전설처럼 나타난다. 결코 자신을 드러내지 않으며 길거리의 누구도 그가 부자인지 알지 못한다. 그러나 확실한 건 '시스템'의 고수라는 거다. 그는 놀면서 시스템으로 돌아가는 매장을 3년 만에 170개나 만들었으니까. 그중 월 5000만 원 이상 버는 리더가 10명, 월 1000만 원 이상 버는 이들은 흔했다. 그와 같이 어울려 노는 친구들은 음식점을 2개에서 70개로 스르륵 만들어냈다. 일하는 시간은 절대 하루 2시간을 넘기지 않으며 직원은 3명 이상 쓰지 않았다. 오직 생각의 힘으로만 일하는 사람.

남편은 절박한 심정에 하던 일을 다 때려치우고 그의 운전기사가 되겠다고 그의 집에 합숙하러 갔다. 하지만 시스템의 대가와 처음 만난 자리에서 남편은 크게 혼이 났다.

"동일이 너는 최악의 파트너야. 함께 일하는 최악의 파트너, 책사, 동료는 리더의 생각할 시간을 빼앗는 자거든.

리더인 소정이한테 생각할 시간을 확보해 준 적 있어? 넌 그냥 애를 선수, 코치, 감독, 구단주…. 다 뛰게 한 거야. 멀리 볼 수도 전략을 짤 수도 다른 팀 상황이 어떤지 볼 수도 없게 정신없이 만든 거지. 생각할 시간이 없는 리더에겐 어떤 문제가 생기는지 알아? 즉흥적으로 일하게 돼. 즉흥적 판단으로 일을 망칠 여지가 상당하지. 그게 너희 조직의 문제야."

모든 문제는 '생각할 시간'이 없다는 것에 있었다. 너무 바쁘거나 애쓰며 살다 보니 내 팀이 어디로 가야 하는지도 즉흥적, 감정적으로 결정하곤 했다. 운이 좋으면 들어맞지만, 아니면 다 같이 길을 잃게 된다. 운이 좋아서 터지는 아이템은 한 번뿐이다. 난 결정해야 했다. 훌륭한 선수가 되거나, 감독으로 전향하거나, 아니면 구단주가 되거나. 우린 너무나 알고 싶었다. 도대체 어떻게 일하는 것이 '시스템적으로 일하는 것'인지. 책으로는 도무지 알 수 없어서 정말 간곡하게 부탁해서 남편은 그의 운전기사로 취직하게 되었다.

단, 조건이 있었다. 윤소정과 떨어져 살 것. 그리고 본인과 합숙해야 한다는 조건이었다. 어설픈 몇 개월로는 절대 무의식이 바뀌지 않는다는 이유에서다. 그렇게 우리는 한동안 떨어져 살았다. 난 일을 하러 가면 엄청난 것을 배우고 돌아올 줄 알고 기대를 했다. 그러나 막상 그가 한 달

동안 한 일은?

아무것도 하지 않는 것. 그것뿐이었다. 아무것도 하지 못하게 했다. 출근해서 남편이 해야 했던 일은 '아무 일도 하지 않는 것'뿐, 한 달간 청소도 못 하게 했고 무언가 일을 벌이려고 하면 다 못 하게 했다. 또 한 달 동안 '왜?'라고 묻지 못하게 했다. 정말 이상한 지령이다. 처음에 그는 미쳐버릴 것 같았단다. 뭔가 해야만 할 것 같은데… 아무것도 못 하게 하니 가시방석에 앉아 있는 기분. 뭔가 밥만 축내는 기분이었단다.

하지만 한 달이 지난 뒤, 정리가 되는 것들이 있었다. '생각이 정리되기 전까지는 아무것도 하지 마라. 불안함 때문에 직원들에게 열심히 하는 리더의 모습을 보여주기 위해, 억지로 일하지 마라.' 고수는 노는 것처럼 보였지만 늘 생각하고 있었다. 더 완벽하고 탁월한 끝점을 그리려고 했다. 물론 그렇게 끝점을 그리고 난 뒤에도 계속 수정, 보완해 나가야 하는 것이 현장 업무다. 하지만 끝점을 그리고 나서 수정하는 것과 아닌 것에는 차이가 컸다. 그와의 합숙이 끝날 때쯤 그동안의 우리 문제점을 완벽히 알 수 있었다.

(1) 매달 사람을 모아야 한다.
(2) 소비자를 설득해야 한다.

(3) 윤소정이 없으면 운영되지 않는다.

⑷ 사람을 키우는 데 시간이 많이 든다.

⑸ 무엇보다, 리더에게 생각할 시간이 없다.

처음부터 끝점 없이 즉흥적 결정들로 모델이 만들어지면? 중도에 바꾸기는 너무 어렵다. 우리는 다 없애고 다시 시작하는 것이 빠르겠다고 판단했다. 매달 사람을 모은다는 것은? 매달 새로운 사업을 한다는 뜻이고, 소비자를 설득해야 한다는 것은 없는 시장에 진입한다는 뜻이었다. 윤소정이 없으면 운영되지 않는다는 건 매뉴얼이 만들어질 수 없는 사업이라는 뜻이고, 사람을 키우는 데 시간이 많이 든다는 건 그만큼 리스크가 크다는 뜻이었다. 무엇보다 리더에게 생각할 시간이 없다는 건…. 조직원들을 가장 위험하게 만드는 시한폭탄이었다. 그래서 우린 모든 것을 멈추고 다시 시작하기로 했다. 그것이 시즌 1을 마무리한 이유다.

어디서 소문을 들었는지, 우리가 시스템 만드는 방법을 배워서 회사를 키웠다는 이야기를 듣고 정말 많은 친구가 물어봤다. 도대체 어디서부터 해야 본인이 쉴 수 있냐고. 그때마다 제일 먼저 설명해 준 것은 '리더가 쉬기 위해서' 시스템을 만드는 게 아니라는 것이다. 리더는 더 지속 가능해야 한다. 그 시간의 무게를 한 번이라도 헤아린다면, 왜 그렇게 다들 공부하러 다니고 진화하려고 하는지 그들의 삶이 새로운 각도에서 보이기 시작할 거다.

경영은 옳은 자리에
옳은 사람을 세우는 일

젖소에서 더 이상 젖이 나오지 않아…. 혼자 힘으로 할 수 있는 모든 것을 했던 게 내 인생의 시즌 1 인큐였다. 그때 나는 내 안의 에너지를 다 꺼내 썼다. 그때 난 정리했다. 그랬기 때문에 8년간 자아도취 된 인간으로 살았다는 것. 유비는 왜 제갈량을 맞이하려고 삼고초려했을까? 동서고금을 막론하고 현명한 경영자는 알고 있었다. *대표, 프리랜서, 리더야말로 '피드백'이 간절한 사람이다.* 김연아에게도 훌륭한 코치가 필요한데 그때 왜 나는 여기저기 기웃거리면서 멋진 사람을 구경만 하고 다녔을까?

그때 나에게 필요한 건 피드백이었다. 지금 내가 무엇을 모르는지 정확하게 알려줄 수 있는 사람. 그에게 인생 코칭을 받을 게 아니라 일을 함께할 수 있는 관계를 만들어야 했다. 무대 밖에서 그를 찾아내 나의 조직도 상단에 올려야 했다. 누구에게 피드백 받는지가 나의 경쟁력이 된다면 지금 나에게 가장 필요한 건 장기적인 관점, 즉 끝점을 그려낼 수 있는 사람이었다.

경영이란, 옳은 사람을 옳게 뽑아서 옳은 자리에 배치하는 일. 3년간 나는 개처럼 코를 쿵쿵거리며 무림의 고수들을 찾아다녔다. 그리고 분야별로 내가 하는 일의 조직도 최상단에 올렸다. 조직도는 나의 아래뿐 아니라 위로도 그려야 나보다 뛰어난 이들의 자원을 활용할 수 있는데, 이 단순한 생각을 왜 3년 전에는 하지 못했을까?

최고의 전문가는
제안하지 않고 결정해 준다

내가 가장 좋아하는 영혼의 친구가 누구인지 물으면, 나는 망설이지 않고 '브랜드 인사이터' 박재현을 꼽을 것이다. 그야말로 닫혀 있던 나의 시선을 확 열어준 친구다. 그는 SK이노베이션, LG 휘센, 최근에는 고기리막국수, 끌리메 등 작지만 탄탄한 기업의 브랜드를 만들어가는 브랜드의 아버지다. 아주 오래전부터 나는 "오빠, 내년에는 꼭 우리 회사로 와야 해"라고 노래를 불렀는데, 그때마다 그는 반 승낙, 반 거절을 해왔다. 매번 같은 이유에서였는데 이제야 그 의미를 알게 되었다.

"소정아 너에게는 네 색깔이 있어. 내가 브랜드 전문가로 투입된다는 건, 브랜드와 관련된 모든 결정권을 나에게 넘기겠다는 의미야. 그러지 않으면 브랜드는 산으로 갈 거야."

이 이야기를 처음 들었을 때는 나의 리더십과 감각에 대한 이야기라고 생각했는데, 브랜드의 관점으로 생각해 보니 "너 지금 산으로 가고 있어"라는 피드백이었다.

코카콜라도, 애플도 일정 시기가 되면 창업자를 물러나게 했다. 이유는? 창업자의 취향에 따라 만들어진 작은 브랜드들은 창업자의 취향이 바뀌면서 아예 새로운 비즈니스가 되는 경우들이 있기 때문이다. 그 뿌리를 유지하기 위해서 오히려 내가 선택권자의 자리에서 빠져주는 것, 그 또한 위대한 선택이라는 것을 배웠다. 그다음부터 내가 해야 하는 일은 브랜드적 결정이 아니라 그 브랜드를 만드는 데 '옳은 사람을, 옳은 자리에, 옳은 방법'으로 선택하는 것이었다. 이것만으로도 할 일이 매우 많았다.

최고의 브랜드 전문가가 합류한 이후, 우리의 시즌 2는 트루스 브랜드 그룹으로 엮였다. 나는 그와 함께 일한 시간 속에서 내 선택을 최고로 만드는 것이 20대의 젊음이라면, 30대 이후의 일은 좋은 선택을 더 위대한 결정으로 끌어내는 반열에 들어서야 하는 것임을 깨달았다. 반드시 그래야만 한다.

해야 할 일보다
하지 말아야 할 일이 더 많다

브랜드 전문가 재현 오빠와 함께 일한 지 딱 1년째 되는 날, 이렇게 물었다.

"오빠, 우리랑 함께 일해보니까 어땠어? 솔직하게 말해줘."

"트루스와 1년 함께 일한 소감? 아주 솔직하게? 날것으로? 너희는 시간을 써주고 싶은 친구들이었어. 셀 수 없이 많은 브랜드에서 디렉팅 의뢰가 들어와. 하지만 같이 일하다 보면 정리하고 싶은 회사가 더 많아. 경영자가 '디렉팅'의 의미를 이해하지 못하기 때문이야. 그러나 너희는 경영자들이 '왜 일을 하는지' 그 수를 읽을 줄 아는 친구들이었어. 처음에 너희는 너무 아기자기했어. 하고 싶은 게 너무 많은 거지. 그래서 모든 브랜드를 하나로 묶는 장남 '트루스'를 만들어 너희에게 경영을 알려주고 싶었던 거야.

경영의 경(經)은 성경, 불경, 도덕경 할 때 그 경이거든. 즉, 운영자는 많아. 그러나 경영자라고 부를 수 있는 사람은 몇 없어. 자신의 철학, 신념, 원칙이 경전이 될 만큼 반복되고 쌓여야 경영을 할 수 있는 거야. 한 장, 두 장, 세 장 쌓이면서 성장이 되는 거야. 반복하고 쌓이면서 경전이 될 때쯤 우린 진짜 경영을 해나가고 있겠지."

철학, 신념, 원칙은 정해지는 것이 아니라 쌓아가는 것이었다. 그러고 보면 세상으로부터 한창 인정받고 싶었던 20대 후반 그를 만났다. 첫 만남에서 그는 개인도, 회사도 브랜딩의 첫 번째 실수는 자기 입으로 크게 떠드는 것임을 알려주었다. 역사 속 모든 위인은 자신의 업적을 매일 소리치지 않았다. 동종 업계 친구들 입에 브랜드가 오르내리기 시작할 때 '와…. 어떻게 저렇게까지 할 수 있지?'라는 말이 나오는 순간 마음속에 박히는 것이 브랜드가 되는 것임을 알려주었다.

사업을 시작할 때, 아무도 나를 알아주지 않으니까 조바심에 매일 사람들에게 우리를 홍보하려 했다. 당시 내가 적었던 글을 보면 오글거리는 자기 자랑의 끝판왕이다. 힘껏 힘을 주고 조급해하며 나를 알아달라고 소리치고 있었다. 그렇게 자신을 홍보하려고 무리수를 두고 무리를 하면, 사람들이 나를 '물건 파는 사람'처럼 취급해서 더 의심을 사곤 했다.

그러고 보면 그를 통해 배운 것들은 '무엇을 해야 하는지'가 아니라 '무엇을 하면 안 되는지'에 관한 것들이었다.

20대에는 강연을 다니며 자신을 소개하고, 떠들고, 자랑했다. 처음에는 효과가 있는 듯했지만 오래가지 못했다. 그 시간에 오히려 내가 해야 할 일을 실천했더니 주변에서 나에 대한 이야기를 해주기 시작했다. 그제야 저절로 팔리기 시작했다.

"그는 악한 사람이었을까,
강한 사람이었을까?"

CHAPTER 3

마음의 중력

착해지기 전에
강해지기로 했다

이 글은
너무 아프다.

해내고 싶은 일은 너무 많았지만
마음이 약해서
울부짖었던 시간들

그 시간들의 기록을
너에게 보낸다.

사랑하는 것들을
지키고 싶어서

"우리 그만둡시다."

"아니요. 그래도 한 번 더 해보죠."

무려 10년 넘게 함께 뛴 동료들이 있다. '우리는 2020년 대한민국 교육 문화를 이끈다'라는 구호를 외쳤던 그 친구들이 여전히 현장에 있다. 모든 것을 멈추려 할 때 가장 어려웠던 것은 함께 꿈꾸던 동료들에게 "난…, 이제 그만하려고 합니다"라는 이야기를 건네는 것이었다.

첫 번째 시즌을 정리할 때쯤 그녀들도 나만큼 지쳐 있었다. 굳은 결심을 한 것도 그중 한 친구와 술을 마신 날이었다. 8년 넘게 주말 없이, 밤낮 없이 달리다 보니 이제 가족과 교회에 가고 싶다고 말하면서 눈물을 뚝뚝 흘리는데 무능한 리더의 선택이 조직원들을 얼마나 힘들게 하는지 뼛속까지 시렸다.

멈춰야 했다. 그래서 정말 용기 내서 팀원들에게 단정

하게 말했다. 그동안 너무 수고 많았다고. 교육 문화를 이
끄는 일은 여기서 마무리하려 한다고. 여기서 멈추고 싶은
친구들은 퇴직금을 잘 챙겨줄 것이고, 만약 그럼에도 더
함께 가보고 싶은 친구들은 이야기해 주면 다른 방법을 찾
아보겠다고 말했다. 그 대신, 빠르게 결정해 달라고 전체
팀원들에게 1시간의 말미를 주었다.

　그리고 팀원들은 하나둘씩 사무실로 들어왔다. 전원
이…. 함께 더 해보고 싶다는 거다. 그날 우리는 다시 일어
나야만 하는 이유가 생겼다. 실패인 줄 알았지만 사람을
얻었다. 그럼에도 이곳에는 우리가 잘되었으면 좋겠다는
믿음을 가진 이들이 있었다. 나를 불태워서 이들을 지킨
줄 알았다. 아니다. 우리는 *연약한 서로를 지켜주고 싶어*
서 팀이 되었다.

　아이유 같은 솔로 가수로 데뷔하기 어려웠던 우리는
걸그룹이라도 되어보자며 팀이 되었다. 8년을 넘게 현장
에서 버틸 수 있었던 건 당신이 힘들지 않으면 좋겠다는
서로를 향한 마음, 그럼에도 계속 가게 했던 마음이다. 나
홀로 한 것은 아무것도 없었다. 그러니 이제는 홀로 빛나
는 길이 아니라 우리가 다 같이 오래오래 살 수 있는 환경
을 만들어야 했다. 그러려면 내 마음부터 바꿔야 했다. 기
존과 다른 방식으로. 사랑하는 것들을 지키기 위하여.

착해지기 전에
강해지기로 했다

네가, 내 글을 좋아할까?

네가, 내 수업을 좋아할까?

네가, 내 제품을 좋아할까?

네가, 우리 회사를 좋아할까?

.

.

.

청소를 해두면 엄마가 좋아하겠지?

시험을 잘 보면 엄마가 좋아하겠지?

날 병들게 했다. 엄마에게 사랑받고 싶은 마음, 너에게 인정받고 싶은 마음, 세상에 인정받고 싶은 마음은 좋게 포장하면 고객 중심적 사고다. 까보면 뭣도 아닌 나약한 마음이다. 〈윤소정의 생각〉을 유재석이 구독했다면? 크하…, 유재석이 나를 좋아했으면 좋겠다는 마음이 커질수록 의식하게 되는 것. 참 초딩 같은 마음이다. 이 초딩 같은 마음으로는 험난한 세상에서 무엇 하나 할 수 없단 걸 난 일찍이 받아들여야 했다. 어쩌면 이미 알고 있었는지도….

난 스물한 살에 꿈과 희망에 가득 차 일을 시작했다. 순수했지만, 순진했다. 아무도 내 말을 들어주지 않았지만 온몸이 부서져라 하니까 뭔가 좀 이룬 것 같았다. 개뿔, 아니었다. 내가 만든 교육으로 2만 명을 모았다는 사실에 취해 내가 커뮤니티 비즈니스, 사람 모으고 연결하고 이런 걸 잘한다고 착각했다. 심지어 천직이라고 생각했다. 완벽한 착각이었다. 난 사람과 관련된 일을 하기엔 최악의 성격이다. 그러나 인정하고 싶지 않았다. 진짜 잘하는 사람이 나타났을 때야 받아들였다.

한번은 남편이 이런 얘기를 했다.

"당신은 진짜 커뮤니티, 사람 만나는 일. 이런 거 하면 안 되는 사람이야. 오히려 사람들을 위한 일에 잘 맞는 사람은 S 같은 독한 놈이지. 나 그 사람 진짜 별로야. 정말 싫어. 내 친구 T는 그 새끼가 너무 싫어서 청부살인이라도 하고 싶은 충동까지 일어났더래. 근데 S가 만든 커뮤니티를 봐. 순식간에 100억짜리 규모로 만들었어. 그는 자신과 뜻이 다른 수많은 사람을 적으로 만들었어. 그런데 앞으로 나아갔지.

나쁜 사람? 글쎄. 분명한 건 나도 인정해야 했다는 거야. 그 사람이 만든 커뮤니티에서 사람들은 성장했어. 또 우리 회사만 좋은 회사냐? 아니. 그 사람 회사도 좋은 회사야. 어쩌면 우리 회사보다 더 좋은 것들을 하고 있어.

그는 그냥 자기 뜻을 이루기 위해 적을 만드는 걸 두려워하지 않아. 사랑받으려 하지 않고, 인정받으려 하지 않지. 근데 윤소정은? 사람들을 너무 신경 써. 진짜 큰일을 해야 할 때 마음에 걸리는 사람이 너무 많아. 당신은 사람과 연결될수록 마이너스야. 그 사람들 다 챙겨줘야 하거든. 그래서 목표에 써야 하는 에너지를 사람들에게 쓰고 있지. 냉정하게 생각해 봐…. 그런 마음으로 진짜 사람을 위한 일을 할 수 있나?"

너무 뼈 때리는 말이라 한참 아무 말도 할 수 없었다. 어릴 때는 그가 나쁜 사람이라고 생각했다. 그런데 이젠, 정말 모르겠다. 도대체 나쁜 사람이 누구고 착한 사람은 누군지. 분명한 건 그는 강한 사람이었다는 거다. 적어도 나보다는 훨씬 강한 사람. 커피숍에 앉아 있는데, 어떤 돈 많은 사모님이 그런 말씀을 하고 있더라.

"세상 사람들은 무언가 이룬 이들을 보고, 참 저 사람 세 보인다고 하거든? 잘 보면, 그렇게 얘기하는 사람들은 약한 사람들이야. 반대로 그들이 세 보인다고 하는 사람들이 '강한 사람들'이지. 자기 뜻을 펼치려면, 이 땅에선 강해야 해. 심지도, 신념도, 의지도 강해야 해."

그 말을 듣는데 왜 청승맞게 눈물이 났을까? 나도…, 참 강해지고 싶나 보다. 약한 이 마음 개나 줘버리고 싶다. 정말 난 자꾸 신경이 쓰인다. 뒤처진 사람, 소외된 사람, 표정이 좋지 않은 사람, 아픈 사람, 혹시라도 이 글을 읽고 이해하지 못할 사람, 혹시라도 상황이 좋지 않아 나에게 상처받을 사람까지. 참 오만 가지가 다 신경이 쓰인다. 그게 착한 마음인 줄 알았는데 아니다. 약한 마음이다. 사랑하는 것들을 지켜가려면 *착해지기 전에, 강해져야 했다.*

아들의 이름을 지으며
굳게 먹었던 마음

10월의 시작, 복이에게 이름을 선물해 준 어른과 식사를 했다. 그가 이렇게 말했다.

"복아, 강한 사람이 되거라. 강한 사람만이 선을 행할 수 있으니."

그러면서 우리에게 신신당부했다. 아이 키우는 과정이 힘들더라도, 착한 아이로 키우지 말라고. 차라리 내가 보기에 나쁜 아이로 키우라고. 난 한참을 생각해야 했다. 왜 나쁜 아이로 키우라는 거지? 그러다가 앞에 붙은 말을 되짚었다. '내가 보기에' 나쁜 아이.

"아가. 강하지 않으면, 세상 참 재미없게 살아야 해. 인간으로 태어났으면 강하게 살아봐야지. 리더는 일반인들 눈에는 나쁜 사람이야. 사실은 강한 사람이고. 진실은 강한 사람만이 선을 지속할 수 있다는 거지. 선을 가르치기 전에 강함을 가르쳐야 해. 그러니 키울 때 부모가 힘들더라도 길들이려 하지 말고. 네 눈에 착한 아이로 만들지 말라는 거야. 강하게 키워.”

아…. 그때 난 처음으로 내가 못 살아봤던 삶. 내가 못 이룬 삶을 내 자식한테 주고 싶었다. 약해빠진 내 마음. 착해빠진 내 마음. 그거…, 내 아들에게 주고 싶지 않았다. 난 인정하기로 했다. 그동안의 난 착함의 탈을 쓴 약한 사람이었다. 사랑받고 싶고, 인정받고 싶어서. 다른 사람 눈치 보느라 정작 내 뜻은 펼치지 못한 그런 약한 사람.

『주역』에 건위천 사상이라는 게 있다. 강자는 스스로 나아가는 성질을 지니고 약자는 기생하려는 성질을 지닌다고 명확하게 적어두었다. 약한 마음 깊숙한 곳에는 누군가가 나를 도와주길 바라는 마음이 있다. 어렸을 때 읽었던 권선징악에 관한 동화들은 우리 마음속에 ‘약자를 도와줘야 한다’라는 마음을 가르쳤다. 하지만 반대 면도 학습된 거다. ‘나는 약자니까 강자에게 도움을 받아야 한다’라는 기생의 마음. 공짜를 바라고, 편안함을 바라고, 보호받고 싶은 마음을 배웠다.

부자를 만나면 밥을 얻어먹었으면 좋겠고, 좋은 회사 들어가서 편안하게 일하고 싶다. 나보다 많이 아는 사람이 있으면 좀 길을 알려줬으면 좋겠다. 그럼 어느 순간 자신의 길을 스스로 개척하는 힘이 약해진다. 약해질수록 우리는 나의 약함을 착함으로 포장하고 싶어지고, 저 사람을 위해 배려해서 그렇게 하는 것 같지만 사실은 저 사람에게 인정받고 싶다는, 기생하려는 마음이 강하게 올라온 거다.

그러니 아들에게 약자를 보호하는 마음보다 강한 마음을 먼저 가르치라는 것. 약한 사람의 눈에는 강한 사람이 독한 사람으로 보일 수 있지만, 약자가 되는 순간 아이는 오롯이 존재할 수 없어진다. 저 사람에게 인정받고 싶다는 마음에 착함으로 자신을 포장하여 스스로 나아가려고 하지 않을 것이다. 그래서 『주역』에서는 강자를 스스로 나아가려는 성질을 지닌 자로 설명하는 거다. 우주도, 미래도, 시간도, 자연도 강하기 때문에 스스로 나아간다. 자연은 착하게 살면 복을 받는다는 생각 따윈 하지 않았다. 자기 몫을 스스로 해내고 나아간다. 진인사대천명은 하늘은 스스로 돕는 자를 돕는다는 뜻. 그게 바로 *마음의 중력, 강해질수록 세지는 원리였다.*

착한 마음은 누구나 가질 수 있지만 강함은 아무나 가질 수 있는 마음이 아니다. 난 착해 보이고 싶어 하는 내가 너무 힘들었다. 사랑받고 싶어 하는, 인정받고 싶어 하는 이 마음이 날 병들게 했다.

그래서
나의 글은, 일은, 삶은
스스로 나아가야만 했다.

즉, 너를 위한 것이 아니라
나를 위한 것이어야 했다.

그리하여
내 아이만큼은 강한 마음으로
길러내고 싶다.

'복아. 그러니 넌 엄마 눈치 보지 마. 세상 눈치 보지 마. 네 뜻을 펼쳐. 과감하게 가. 그리하여 꼭 강한 사람이 되어, 선한 세상을 품으렴. 착한 사람이 되려고 하지 말고, 너의 세상을 선하게 만들렴. 엄마가 먼저 나아가 볼게. 강한 마음으로.'

일은 참 열심히 했다,
그러나 '선택'은?

"자, 이제 결정해야 해요. 사람 키우는 데 오래 걸릴 것 같으면 서로를 위해 정리하고 회사 키우는 데 집중하면 어때요?" 이 말을 들은 리더는 온몸으로 다른 팀원을 지켰다. 정말 이 일을 좋아하는 친구라고, 꼭 키워보겠다고 몇 번이고 대답했다. 본사 측에서는 신입 말고 경력으로 선수교체를 해서 빠르게 결과를 내야 한다고 몇 번이고 언질을 줬다. 그러나 온몸으로 막았다. 그리고 정말 그 리더는 그 친구를 좋은 인재로 키워냈다.

이 선택은 언뜻 보면 좋아 보인다. 그러나 이렇게 생각해 보자. 커피숍을 오픈하려고 하는데 커피를 전혀 내릴 줄 모르는 친구를 채용한다면? 채용 이유는 커피를 정말 좋아한다는 것이다. 그래서 1~2년간 매니저는 그가 커피를 잘 내릴 수 있도록 교육하는 데 집중했다. 그 과정이 참고되었다. 그들은 함께여서 즐거웠지만, 반대로 업무에 치여 체력적으로 많이 지쳤다. 커피를 배우던 팀원이 드디어 커피 마스터가 되었지만 밤낮으로 커피를 배우니 많이 지쳤다. 그사이 나이도 먹었다. 이제는 더 좋은 보상과 삶의 균형이 필요한 때가 온 거다. 결혼도 해야 하고 평생 이렇게 살 수 없다고 생각할 것이다. 그래서 그를 가르쳐준 매니저에게 이렇게 건의했다.

이제 좋은 보상과 삶의 환경이 제공되어야 할 때 아니냐고. 그러나 매니저는 충분한 준비를 하지 못했다. 커피를 가르치는 데 집중하다가 사업을 키우지 못한 것이다. 사업을 확장하지 못한 거다. 더 정확히 말하자면, 그 친구에게 더 좋은 환경을 만들어주려면 더 많은 매출을 냈어야 하는데 그러지 못한 거다. 사랑하는 이에게 더 좋은 환경을 주지 못한다는 사실에 가슴이 찢어질 거다. 자신의 것을 떼어서라도 더 주고 싶겠지만 나눠 가질 게 별로 없다.

이건 좋은 선택일까? 좋은 선택인지, 나쁜 선택인지는 시간이 더 지나야 안다. 그러나 냉정하게 인지해야 했다. 그날 그 매니저는 '사업'이 아니라 '사람'을 키우기로 선택했다는 것을. 자신의 젊음과 기회비용으로 그 친구를 선택했다는 것 정도는 이제는 알아야 하는 나이가 되었다. 이건 남의 얘기가 아니라 나의 성적표였다. 난 사업보다 늘 사람에 더 관심이 많았다. 매출을 내는 것보다 '저 팀원이 지치지 않을까?'에 대한 고민을 더 많이 했다. 인정한다. 강인하지 못했다. 그 덕분에 내 주변에는 좋은 이들이 많다. 하지만 지난 15년간 내 사업은 유약했다. 그래서 팀원들이 행복했는가 하는 질문에 당당하지 못하다. 가끔은 내가 그러지 못했다는 사실에 눈물이 핑 돈다. 난 마음 약한, 그래서 악하기까지 한 사업가였다.

내 팀원들이 누굴 보고 배웠을까? 다 나를 보고 배운 거다. 10년 전, 그때 내가 좋아하는 사람을 선택한 것을 후회하지는 않는다. 그때 그들 역시 나를 선택해 준 것이다. 당시 내가 사람을 키우기로 선택하지 않았다면, 지금 우리 회사의 핵심 멤버들은 없었을 거다. 그러나 문제는 나이를 먹는다는 것이다. 난 이제 사장을 키워야 하고, 나의 아들 복이도 키워야 한다. 과거처럼 누군가를 자식보다 더 사랑하고, 에너지를 쏟을 체력도 정신력도 없는 게 사실이다. 그리고 그들도 엄마가 되고 싶단다.

가끔은 우리 복이보다 그때의 팀원들을 더 사랑하지 않았을까 싶을 만큼, 애간장이 다 녹을 정도로 사업보다 사람을 키웠다. 심장이 다 쪼그라들 때까지 그 사람들을 사랑했다. 그러나 사랑하는 사람이 많아질수록 그들 삶에서 밀려오는 문제들도 많아졌다. 내가 다 해결해 줄 수도 없을 만큼. 우린 각자 강해져야 했다. 그때 우리는 서로를 키워줄 수 있는 젊음이 있었다. 그러나 이제 그다음의 젊음으로 향해야 한다. 곧 그들도 엄마가 되어야 하니까. 이제

우리는 다른 선택을 해야 할 때다. 그럼 한 번쯤 이렇게 물어본다. '나의 역할은 무엇일까?'

그래서 난 더 단호하게 앞으로 우리가 향해야 할 목표가 무엇인지를 그들에게 냉정하게 공유했다. 최악의 선택은 같은 실수를 반복하는 것이다. 열심히 일한 것을 자랑하는 건 리더의 일이 아니다. 좋은 선택을 했는가? 그 선택이 자랑이 되어야 한다. 언젠가 나의 선택으로 더 많은 친구가 안정적으로 좋아하는 일을 하며 적당히 벌고 즐겁게 살고 있다는 얘기를 들었으면 좋겠다.

즐겁게 살고 있다는 얘기를 들었으면 좋겠다는 바람으로 덧붙인다. 이는 무언가가 되어야 한다는 화려한 메시지가 아니다. 엄청나게 잘살아보자는 뜬구름 잡는 허황된 이야기도 아니다. 나이 들어서도 집에 누워 두 발 뻗고 별 걱정 없이 살자고. 좋아하는 일 하며, 적당히 벌며 사는 그 소박한 삶의 얘기를 조금 현실적으로 했던 거다. 근데 왜 이렇게 날카롭게 느껴지지? 아, 약한 마음 너 저리 안 갈래?

상생의 의미를
잘못 알고 있었다

"너의 상생은 뭔가 조화롭지 않아." 처음에는 '이게 무슨 말이지?' 싶었다. 하지만 정확한 피드백이다. 나도 잘되고, 남도 잘돼야 하는데 나는 늘 남을 도와주는 마음이 앞서다 보니 남만 잘되게 하고 끝난다는 거다. 그럴 거면 자원봉사를 하지, 왜 사업을 하며 사냐는데. 소설, 『혼불』이 생각난다.

> 어느 한편으로 치우치지 않고, 고루 갖춘 사람만이
> 그 조화로움으로 이 세상에
> 상생의 덕을 베풀 수 있을 것이다.
> – 최명희, 『혼불』, 매안 출판사

난 여전히 '이타심'과 '이기심'을 고루 쓰지 못하는 쪽보였다. 내 것도 절반은 챙기고, 남도 절반을 도와주는 게 상생이다. 상생의 개념을 잘못 알고 있다는 것 인정한다. 여전히 난 치우친 사람이다. 남편은 이렇게 말했다.

"그러게. 지금까지 윤소정은 상생을 한 게 아니라 서포터만 해왔네. 당신 덕에 잘된 사람, 진짜 많지. 근데 누군가가 당신을 잘되게 해줬나? 당신이 노력한 게 100퍼센트라면 돌아온 건 10퍼센트가 안 되지. 왜? 당신이 요청을 안 했잖아. 지금까지 우린 훌륭한 기버(giver)였지만, 정확히 스마트 기버(smart giver)는 아니었겠어. 스마트 기버는 이기적인 기버야. 이타적이지 않아. 언제까지 이렇게 다 주렁주렁 달고 살 수는 없어. 당신 복이 엄마야. 육아는 안 해? 윤소정은 지나치게 이타적이야. 그거 병이야. 이제 스마트 기버가 돼봐. 도움도 명확하게 요청하고, 당신 시간도 에너지도 자원이야. 이기적인 공유를 해봐. 그럼 분산된 힘이 하나로 모일 거야. 그 힘이 모이잖아? 그럼 더 조화롭게 상생할 수 있을 거야."

예전에 한 회장님이 나에게 그런 말을 한 적이 있다. "소정 씨. 나는 그 사람에 대해 나쁜 얘기가 들려오지 않으면, 큰 거래는 하지 않아." 그때는 이상한 사람이라고 생각했다. 그러나 돌아보니 나쁜 얘기가 들려오지 않는다는 것은 원칙이 없다는 뜻이기도 했다. 좋은 사람이 되려는 이 병적인 마음을 난 떨쳐내야 했다. 기회주의자라는 말이 참 싫었는데, 귀여운 기회주의자는 괜찮을 것 같다. 지난날의 나는 '아, 저 친구 맥북이 필요해 보이는데?' 하면 다 선물해주는 사람이었다. 그런데 상대가 윈도 기반으로 일하는 친구였을 때도 있고, 남에게 신세 지면 잠을 못 자는 친구여서 되레 욕먹은 적도 있다. 쓸데없는 개입으로 오히려 사람에게 더 상처받았던 날이 많다.

맥북을 간절히 원하는 친구를 찾는 것은 쉽다. 응모를 받으면 되니까. 하지만 그럼 난 그냥 마음, 시간, 돈만 쓴 거다. 정작 돌려받은 건 뭐지? 이타심뿐이다. 이기심이 여기에 더해진다면? 언젠가 나도 도움을 요청할 만한 친구를 선별하는 안목이 필요했다. 내가 기부한 맥북으로 가장 효율적인 일을 해낼 친구, '저 이것 좀 알려주세요'라고 했을 때 제일 먼저 달려와 줄 스마트 기버를 찾아서 도와주는 정도의 똑똑함은 있었어야 한다는 거다.

지난날을 돌아보면 쓸데없는 개입으로 누군가를 불편하게 한 날도 많다. 그건 내 잘못이다. 정리해야 할 게 한두 가지가 아니다.

상생은
이기심과 이타심을
다 쓸 수 있는 사람만이 할 수 있다.

나를 발가벗긴
독설들

나의 강한 마음을 키워준 어른은 엄청난 독설가다. 무지막지한. 어릴 때는 그 독설이 참 싫었다. 나를 발가벗기는 기분이 들어서. 그런데 요즘은 그 독설이 너무 그립다. 누가 거북이 등딱지처럼 단단하게 굳어 있는 내 관념들을 발가벗겨만 준다면 앞이 좀 보일 것 같다.

서른여섯 윤소정에게 독설을 날려줄 어른을 찾긴 쉽지 않다. 첫째, 지금 나의 허들을 먼저 넘어본 이를 찾기가 하늘의 별 따기다. 둘째, 찾는다고 해도 그가 애정을 갖고 나에게 독설을 날릴 일은 전무하다. "잘하고 있어, 멋져!" 하며 지나가는 관계가 될 가능성이 99퍼센트다.

나쁜 놈이 되면서까지 내 껍질을 벗겨줄 좋은 놈을 찾기가 하늘의 별 따기라는 걸 이제는 알겠다. 절대 서울에 나오지 않는 이 은둔형 고수가 남편이 서울숲에 오픈한 와인바를 찾아왔다는 얘기를 들었을 때, 밤 12시에 버선발로

뛰어간 건 오랜만에 등장한 절실함 때문이었다. 도착하자
마자 말했다.

"저 좀 혼내주세요. 지금 제가 모르는 게 뭔가요?"

지금부터는 그와의 대화를 그대로 옮겨본다. 해석은
그대의 몫으로 남겨두고.

승인 욕구

너희 둘, 3년간 참 많이 컸어. 그런데 넌 이해 못 했어.
10년 전이나 지금이나 윤소정 넌 매력적이야. 이런 내가
다시 만나보고 싶을 만큼. 그런데 넌 개미냐, 코끼리냐?
그때도 말했을 거야. 네가 심플한 구조, 그거 하나만 만들
어 오면 내가 앉은자리에서 학원 40개를 만들어내는 마
법을 보여주겠다고. 근데 넌? 감 못 잡았어. 넘어가고 싶
어? 그럼 또 한 번 완전히 벗겨내야 해. 넌 코끼리냐, 개미
냐? 내가 봤을 때는 사마귀 정도 되는 것 같다. 사마귀도
개미 떼한테 잡아먹혀. 시스템이란? 정했으면 바꾸지 않
는 거야.

넌 주변 사람을 너무 신경 써. 계속 승인을 받았으면
좋겠는 거지. 네 주변에는 나도 있고, 남편도 있어. 주변
에 너 좋다는 애들 많잖아? 근데 왜 더 많은 사람한테 승

인받고 싶어 하냐? 전문가한테 인정받고 싶다고? 걔네가 너 밥 먹여줘? 시스템을 만든다는 건 코끼리가 되는 거야. 코끼리는 개미를 공격하지 않아. 하지만 개미는 코끼리를 물어뜯어. 코끼리 위에 올라타서 쥐어뜯는 거야. 코끼리는? 개미 하나하나에 대응하지 않아. 코끼리니까.

자, 예를 들어 네가 인스타그램으로 사람들한테 번개 신청을 받는다고 해보자. 넌 분명히 공지했어. 문자로 아이디, 이름, 전화번호를 적어서 12시까지 보내라고. 이 세 가지 룰을 지키지 않으면 절대 참여할 수 없다고 말야. 근데 신동일이란 친구가 이름은 적지 않고 아이디, 전화번호만 적어 보낸 거야. 네 룰을 어긴 거지.

그럼 난 절대 신동일한테 기회를 주지 않아. 왜? 룰을 어겼잖아. 신동일은 계속 문자를 할 거야. 왜 자기만 번개 신청이 안 된 건지 이유를 알려달라고. 난? 절대 설명하지 않아. 시스템은 정했으면 답변하지 않는 거야. 설명하는 순간 멘탈이 무너지거든. 내가 장담하는데, 너는 답변하면서 어느 순간 '네…, 이번만 해드릴게요'라고 답할 거고. 그러면서 너의 원칙은 무너지는 거야.

자기 원칙이 무너지는지도 모르고, 상대한테 나쁜 사람이 되고 싶지 않은 그놈의 승인 욕구가 널 코끼리가 되지 못하게 하는 거지. 그런 사소한 것들이 쌓여서 넌 이미 수많은 개미들한테 잡아먹혔어. 넌 분명 시작할 때 30분만 사용해서 신청을 받고, 명단을 추리려고 했어. 그 친구를 받아주는 순간? 갑자기 30분을 더 써야 해. 설명하는 데 10분, 망설이는 데 10분, 받아주는 데 10분. 그게 네 기회비용인지도 모르지?

너의 그 승인 욕구 때문에, 상대에게 좋은 사람이고 싶은 마음에, 욕먹지 않고 멋진 사람 되고 싶은 마음에 원칙을 무너트린 것. 로스가 생긴 걸 알아차리지도 못하고 평생 살았어. 인생은 30퍼센트가 적, 30퍼센트가 내 편, 40퍼센트가 중립이야. 적은 설득하는 게 아니야. 그럼 감정 소비가 크잖아. 내 시스템 외의 사람들한테 계속 대꾸하는 것, 그게 관종들의 특징이지.

자, 학원 운영하는 애들한테 이게 굉장한 훈련이야. 학원생 1명 나가면 멘탈 흔들리거든? 저 친구가 왜 나갔을까? 감정 소모하거든. 회사 운영하면 직원들 이탈할 때마다 멘탈 흔들리거든. 그거 다 대응할 거야? 나도 그런 감정 소모 안 해봤겠니? 남는 것 없어. *내 인생에 존재하는 30퍼센트의 적을 인정하는 순간, 거기가 전환점이야.*

대응을 하지 않는 것. 그거 훈련이야. 답변하고 싶지. 그거 참는 게 훈련이야. 대가를 치르지 않고 어찌 넘겠어. 넌 조바심 때문에 못 하는 거야. 부의 곡선을 몇 살에 갖추느냐? 대응하는 놈들은 절대 그 곡선을 넘지 못해. 에너지 소비는 많고, 버는 돈은 맨날 똑같은 놈들은 다 제가 어디서 에너지를 뺏기고 있는지도 몰라. 반대로, 적을 만들었어도 그 시간에 강력하게 10명 중 3명을 내 편으로 만들 수 있다면? 코끼리가 되는 거지.

난 개미들한테 승인받지 않아.
내가 정한 원칙대로 살아.
코끼리니까.

조합의 골때림

일 잘하는 애들이 왜 큰돈 못 버는지 넌 꼭 알아야 해. 우리 사장들끼리 술 마시러 가보면 진짜 웃겨. 얘네들은 사장이잖아? 같은 돈 투자해서 같은 시스템으로 일하는 거야. 근데 어떤 애는 뼈 빠지게 해서 600만~700만 원 벌고, 어떤 애는 매일 골프 치러 다니는데 3000만~5000만 원 벌거든. 내가 봐도 월 600만 원 버는 놈들이 훨씬 똑똑하거든? 오히려 월 3000만~5000만 원 버는 애들이 더 얼빵해 보일 때가 많아. 그럼 월 600만 원 버는 놈들은 억울한 거야. 자기보다 덜떨어져 보이는 애가 심지어 열심히 살지도 않는데 돈은 더 많이 벌거든.

그거 보고 있으면 진짜 웃겨. 자기보다 뭐가 나은지

도 모르잖아. 월 600만 원 정도 버는 애들의 특징은? 똑똑해. 그래서 신경 쓰는 게 너무 많아. 다 잘하고 싶어 해. 반대로 잘 버는 애들의 특징은? '지엽적'이야. 멍청해 보이는데 한 가지에 집중. 근데 그 하나의 장점이 모든 단점을 상쇄시켜. 단순하다는 거지. 반대로 큰돈 못 버는 애들은 다 잘해. 이것도 저것도 엄청나게 뛰어나서 하고 싶은 것도 많고. 특히 '조합'을 잘하는데 이게 아주 골때려. 그놈의 조합이. 보통 빨리 크는 애들은 누군가에게 얘기를 들었을 때 70퍼센트는 맞는 말이고 30퍼센트는 틀린 말이면, 그래도 맞는 말이니까 그냥 따라 해보거든?

근데 느린 애들은? 맞는 말 70퍼센트에 30퍼센트의 자기 생각을 조합해. 요상한 모델을 만들어. 상대 노하우를 그대로 습득해도 성공 확률이 70퍼센트야. 근데 30퍼센트를 조합했으니, 당연히 안 되지. 그건 완전히 새로운 모델이거든? 일단 습득하고, 그다음에 자기 생각 덧붙이면 되잖아? 자본주의에서는 돈 많이 버는 게 위너라면, 일단 생각을 버리고 궤도에 오르는 거야. 그다음에 조합하는 거야. 애초부터 조합하려 들면 10년 걸려. 자기가 완전히 새로운 모델을 만든 줄도 모르고 똑똑한 척하는 거지. 소자본 창업자들은 완벽이 필요 없거든? 근데 다 완벽해지려고 해. 직원 뽑을 때도 한 60~70퍼센트 해주면 땡큐야. 근데 계속 자기보다 더 잘하는 사람을 찾아. 그러니까 평생 못 벗어나는 거야. 학원 원장들이 가장 바보 같은 게 뭔 줄 알아? 자기처럼 일해줄 강사를 찾아. 그러니까 자기가 다 뛰어다니는 거야. 중요한 게 뭔지 모르는 거지. 100점짜리 찾으려고 하지 마. 그냥 60점, 70점짜리도 괜찮아. 그리고 돈 벌어서 70점짜리한테 더 많이 줘. 그럼 상생하는 거야. 네가 봤을 때 완벽하지 않아도, 그들한테 맡겨야 네가 그 시간에 다른 역량을 키울 것 아냐. 시스템의 정점에는 사람이 있어. 그 사람들이 너랑 계속 같이 일하고 싶어 하는 구조 못 만들면 끝나는 거야.

천재는 비범함이 아니라 단호함이다

윤소정한테 없는 것? 심플함이지. 지금까지 넌 탁월했어. 그러나 탁월함으로 갈 수 없는 영역이 있어. 심플해지려면 귀납법 사고로는 안 돼. 연역법이지. 바운더리 설정에 대해 잘 이해해 봐. 나는 수능 공부 6개월 하고 연대 경영학과에 합격했어. 그때 난 바운더리를 설정했지. 수학은 『수학의 정석』과 모의고사 50회. 영어는 문법 포기, 단어 4000개만 외우고, 독해집 10회. 탐구는 개념서만. 국어는 문학 전집 모의고사 50회. 그리고 내가 정한 바운더리를 철저하게 지킨 거야. 탁구는? 우리 동네 탁구장에서 가장 잘 치는 애만 이기자. 그러려면? 서브, 커트, 푸시, 스매싱만 두 달씩 파자. 그렇게 6개월 해서 이기는 거야.

시작할 때 난 늘 바운더리를 정했어. 심플한 거야. 주저리주저리 하면 안 돼. 그냥 내가 정하는 거야. 그리고 지키는 거야. 요즘 투자자들 만나면 나한테 '1타 강사'라는 표현을 쓰더라? 20명이 내 설명을 15분 들으면 17명이 줄을 서. 왜? 심플하거든. 주저리주저리 하면 안 돼. 1타 강사는 현재 지금 네가 있는 판을 정확하게 알려주고, 거기서 너의 위치는 어떤지 딱 짚어. 심플하게 정의하고, 분류하지.

근데 윤소정 넌 묘해. 강력한 바운더리를 설정하면 너 스스로 약한 사람이라고 생각해. 이렇게 해라 저렇게 해라, 얘기하는 것에 죄책감이 있냐? 하지만 무엇이든 전달을 못 하는 게 '하수'야. 전달은 난잡한 귀납법으로 되지 않아. *힘을 뺄 때와 힘을 줘야 할 때를 구분하지 못하는 것, 심플하지 못한 이들의 특징이지.*

승인 욕구가 너무 많아서 그래. 계속 승인받고 싶어 하는 거지. 적을 만들어. 괜찮아. 사람들이 너 싫어해도 탁월한 것 많이 했잖아. 그러니까 심플하게 해봐. 다 빼고, 100점짜리 말고 60점짜리 만들어봐. 사람들이 2억을 넣으면 1000만 원씩 벌게 해주고 싶다고? 야, 보통 사람은 2억에 500만 원만 벌어도 '땡큐 베리 머치' 하면서 줄

서. 대중을 좀 이해해 봐.

천재는 탁월한 사람이 아니라
단호한 사람이니까.

그는 나에게 강한 마음을 알려준 사람이다. 강한 그를 내가 정말 좋아하게 된 후일담을 적어두자면, 그는 진정 자신의 성공을 위해 노력해 준 사람에 대한 의리를 지키는 사람이었다. 그의 곁에는 20년째 함께한 동료가 있다. 아르바이트로 시작한 친구였는데, 그가 어려웠을 때 월급을 못 주는데도 힘든 티도 내지 않고 일했다고 한다. 그러다가 우연히 파리바게뜨에 들어갔는데 그곳에서 알바를 하는 그녀를 발견한 거다. 그때 저 아이를 먹여 살리기 위해 더 열심히 일해야겠다는 각오를 했고, 그의 곁에서 20년 세월을 함께해 준 팀원이 되었다.

이제 그녀도 나이가 많이 들어서, 아픈 부모님을 부양하러 고향으로 내려가야 하는 일이 생겼단다. 그때 그는 먼저 제안했다. "월 1000만 원 버는 매장을 하나 차려줄까? 아니면 죽을 때까지 매달 400만 원씩 입금해 줄까?" 그녀는 후자를 택했고, 그는 약속을 지켰다. 오직 강한 사람이 선을 베풀 수 있다는 것. 그는 적어도 나에겐 선한 사람이었다.

최선에도
무게가 있다면?

유재석의 데뷔 30주년을 기념해 〈유 퀴즈 온 더 블럭〉에 지석진이 출연했다.

"다시 20대로 돌아갈 수 있다면, 돌아가시겠습니까?"

지석진은 단호하게 답했다.

"네. 돌아가고 싶습니다."

이 뒷이야기가 나의 터닝포인트가 됐다. 지석진은 우연히 자신이 출연한 프로그램을 모니터링하다가 자기 삶 전체를 되돌아봤다고 했다. 농사일을 하는 프로그램이었는데 본인이 너무나 건성이었던 거다. 하지만 지석진은 스스로 '최선을 다했다'고 기억하고 있었다. 텔레비전으로 본 자신의 모습에 충격을 받은 이유다. *나는 최선이라고 기억했지만, 그 순간 자신은 아들에게 보여주기 민망할 만큼 대충 하는 것처럼 비친 거다.*

111

그 이야기에 난 머리를 '띵' 얻어맞았다. 그때, 나 정말 최선을 다했을까? 내 인생에 최선을 다했다고 기억하는 순간을 남이 본다면, 최선으로 보일까? 내가 다시 본다면, 최선이라고 말할 수 있을까? 얼굴이 벌게졌다. 그동안 나를 향한 최선의 왜곡이 얼마나 많았을까? 반대로 지석진은 친구 유재석은 달랐다고 얘기했다. 유재석은 매사 힘든 프로그램만 골라 했다. 〈무한도전〉, 〈런닝맨〉, 〈놀면 뭐하니?〉 등등 매 순간 최선을 다해 자신을 경신해 나가는 것처럼 보였다. 유재석은 늘 자신을 최선의 상태에 두었다.

최선(最善), 가장 훌륭한 상태. 나는 최선이라는 말을 참 남발하고 살았다. 최선이란 지금 이 순간, 조금 전보다 더 훌륭한 상태의 내가 되는 것인데…. 서른여섯 윤소정은 정말 가장 훌륭한 상태일까? 유재석은 매일 그 최선의 시간을 쌓아 예능의 신이 되었다. 범접할 수 없는 인간, 신의 경지. 그 분야의 고지에 올랐다. 매일 자신을 훌륭한 상태로 가꾸어가는 일, 최선. 그 힘이 이렇게 무섭다.

그동안의 나는 유재석의 최선이었을까, 지석진의 최선이었을까? 글 하나를 쓰면서도 난 최선을 다했다고 기억하지만, 아니지 않을까? 대충했던 순간이 떠오른다. 그동안 난 정말 최선을 다했던가? 나의 팀원을 지키기 위해서, 사랑하는 것들을 지켜내기 위해서. 최선을 다했다는 말을 더 이상 할 수 없었다. 내가 유재석 같은 고지에 못 오른 건 너무 당연한 일. 최선에도 무게가 있다면? *내 최선의 무게는 유재석과 몇 그램쯤 차이가 날까?*

"안목이었다."

CHAPTER 4

안목의 중력

아무리 노력해도
배울 수 없는 게
있다면?

머리로는 안 되는 공부가 있더라고.
몸으로 쌓아서 감이 되어야 하는 것들.

감각을 축적하는 시간,
좋은 것의 가치를 알아보는 안목은
절대 흉내 낼 수 있는 것이 아니라서.

억울했던 날들도 있었어.
그래서 난 떠났지.
'왜 나는 안 돼?' 하면서. 전 세계를 여행하며
비즈니스 트립을 떠났던 시간이 있어.

그렇게 나아갔던 시간 덕분에
정말 전 세계의 사람들과
일을 한다는 꿈을 서서히 이뤄가고 있는지도
모르겠다.

그날의
열등감으로부터

　서른두 살, 도쿄의 밤. 언니는 내가 살면서 느껴보지
못한 묘한 감정을 느끼게 했다. 아무리 따라 하고 흉내 내
려 해도 가질 수 없는 것이 있음을 알게 해준 사람이랄까?
처음이었다, 그 감정은. 기업의 리더들과 함께 떠난 트렌드
투어, 언니와 나는 룸메이트였다. 능력 있는 기업가인 그녀
는 스물여덟 살에 유럽의 한 브랜드를 독점으로 한국에 가
져와 아시아에서 가장 큰 규모로 성장시켰다.
　"언니는 어떻게 ○○ 브랜드를 알아봤어요? 그땐 아무
도 몰랐을 때잖아."
　"그때는 본토에서도 매장이 네다섯 개밖에 없었을 때
였는데, 온몸으로 신호가 온 것 같아. 꼭 한국으로 가져오
고 싶더라고. 당시 나 말고도 몇 명이 더 오퍼를 넣었는데,
창업자가 나를 마음에 들어 했던 것도 운이 좋았던 거지.
어릴 때부터 외국을 많이 왔다 갔다 하며 보고 들었던 경

험이 컸을 거야. 우리 부모님은 정말 악착같이 일하신 분들이야. 해외에서 보석을 수입하는 일을 하셨는데, 중학생 때부터 난 전 세계 여기저기 짐 들고 다니면서 일을 도와드려야 했어. 안 다녀본 세계박람회가 없을 거야. 오늘 소정 씨 보니까, 이것저것 참 신기하게 바라보더라? 난 이제 신기한 게 없어. 그게 고민이긴 한데…. 지금 생각해 보면 그렇게 익힌 감들이 큰 역할을 하지 않았을까 싶어."

그녀는 겸손했고, 아름다웠고, 늘 품위 있었다. 가정은 평온했고, 남편은 그녀보다 서너 배는 큰 사업을 하는 사람이었는데 결혼할 당시에는 오히려 빚이 너무 많아 난관이 엄청났다고 했다. 그날 밤, 난 언니에게 참 묘한 감정을 느꼈다. 온몸으로 쌓은 것. 그것은 '안목'이었다. 가치를 알아보는 눈. 그동안 돈 많은 사람, 성공한 사람, 아름다운 사람들을 무수히 만났다. 그중 딱히 부러운 이는 없었다. 그러나 이 언니는 참 부럽다. 어릴 때부터 그녀는 쌓고, 나는 쌓지 못한 것.

그녀는 있었고, 나는 없었던 것.
그건 안목이었다.

보는 눈이
달랐다

　결혼하고 싶을 때는 '남자 보는 눈'을 키우고 싶고, 취업 준비생일 때는 '좋은 회사'를 알아보고 싶었다. 사업을 할 때는 '시장' 보는 눈이 필요했고, 무엇보다 '사람' 보는 눈이 늘 간절했다. 내게 안목은 교양이 아니라 현실이었다. 흔히 미(美)를 보는 눈, 아름다운 것이 왜 아름다운지 그 가치를 아는 것을 '안목'이라고 표현한다. 사전에서는 안목을 '사물을 분별하는 견식'으로 정의한다. 다 옳다. 그러나 나에게 안목은 가치를 알아보는 감각이었다. 간절했던 내 현실 속 안목에 대한 생각을 정리하고 싶었다.

　언니가 부러웠던 건 나와 몸이 기억하는 것이 달라서였다. *그녀의 몸은 '가치를 알아보는 데' 최적화되어 있었고, 나는 '생존하는 것'에 최적화되어 있었다.* 일을 하다 보면, 결국 몸에 밴 감각이 세상을 읽어낸다는 생각을 종종 하게 된다. 좋은 것을 만드는 것은 결국 '감'이다. 기가 막

히게 돈 냄새를 맡는 사람이 있고, 코가 막히게 가치 있는 인재만 데리고 일하는 사람이 있다. 반대로 매번 돈 안 되는 일만 하는 사람도 있고, 악연들에 둘러싸여 평생 고통받는 사람도 있다. 모두 '안목'이 있느냐 없느냐의 차이다. '보는 눈'은 뼛속까지 체화하고 싶다는 감각이었다. 나도 언니처럼 먼저 알아보고 싶었던 거다. 세상에 뿌려진 발견되지 않은 가치들을.

어릴 적에 나는 하루빨리 집을 탈출하고 싶다는 생각이 컸고, 그래서 이 쪽팔림에서 벗어날 수 있는 것에만 집중하다 보니 '생존'에 특화되어 있었다. 그녀는 보석을 수입하는 엄마를 따라다니며, 무엇이 가치 있는 것인지 감별하는 눈을 키웠을 거다. 누가 좋은 고객이 될 것인지, 수많은 예술작품을 먼저 접하며 아름다움을 기억하고 있었다.

수천억, 수백억 자산가들 앞에서도 느끼지 않았던 그 감정을 난 오래도록 잊지 못할 것 같다. 그리고 그 자리에서 이런 글을 적었다. '내 아이에게 물려주고 싶은 것은 돈이 아니라, 안목'이라고. 그날, 난 몸으로 읽어내는 세상에 눈떴다.

안목이라는 단어를 실생활에서 자주 쓰진 않는다. 하지만 일상생활에서 우리는 '보는 눈'이라는 표현을 꽤 많이 쓰고 있었다. 사람 보는 눈, 회사 보는 눈, 돈 될 만한 것을 먼저 알아보는 눈. 안목이란 단어가 아직은 저평가되어 있지만, 사실 돈도 사람도 '안목가'들에게 돌아가는 혜택이란 걸 언니를 보며 절실히 느낀다. 좋은 회사를 알아보고, 남자를 알아보고, 친구를 알아보는 언니의 삶의 질은 높았으니까. 투자자들은 스타트업 10개 중에 2개만 성공하면 대박을 친다고 표현한다. 처음에 난 얻어걸린 2개에만 주목했지만 핵심은 열 번 투자했다는 데 있었다. 경험해야 안다, 가치는. 그들의 여유가 부러운 날이다.

예전에 네일 하는 선생님이 해준 말이 있다.

"매일 네일아트 받는 사람들은 한 번 마음에 들지 않아도 별로 개의치 않아요. 그러나 정말 맘먹고 1년에 한두 번 하는 사람들은 마음에 들지 않으면 엄청나게 컴플레인을 하죠. 실패하면 안 되는 사람들이 있어요. 그들은 늘 벌벌 떨며 살지요."

마지막 말이 명언이었다. '실패하면 안 되는 사람들.' 나와 언니의 차이 아닐까? *무조건 성공해야 했던 친구와 그냥 경험해 봐도 괜찮았던 친구의 차이.* 그러다 보니 절대 사면 안 되는 것들, 만나면 안 되는 사람을 구분하는 눈이 높아졌겠지. 그리고 보면 난 스물한 살 때부터 돈을 벌었다. 꽤 오랜 기간 큰돈을 벌었다. 그리고 10년 동안은 돈을 벌 때마다 세상 좋은 것들을 꽤 많이 쓰고 경험하려 했다. 얼마 전 한 대표님이 '윤소정이 가진 자산은 감각'이란 말을 해주셨는데 삽질하며 날린 시간들이 떠오른다. 하지만 아직도 부족하다. 온몸으로 가치를 알아보는 감각은 아직도 진정한 안목가들을 따라잡을 수가 없다.

한번은 고가의 결혼식장 R 브랜드를 소유한 회장의 자녀교육 철학을 전해 들은 적이 있다. 실제 그는 이건희가 살았던 집으로 유명한 초호화 빌라를 지은 사람인데, 그 집에 쓴 자재, 돌 하나까지 전 세계를 다니며 고른 안목가였다. 그런 안목가가 딸에게 가르친 것은? '잔디밭의 느낌'을 기억하라는 것이었다. 가령 결혼식장 R에 깔린 잔디는? 그곳을 이용하게 될 고객들이 본인의 모교인 하버드, 예일 같은 곳에서 밟아봤던 그 잔디 품종이어야 한다는 거다. 나 원 참… 생각도 못 해본 관점이다. 이 정도로 디테일해져야 소비자를 만족시킬 수 있다는 것을 나에게 가르쳐준 사람은 없었다. 여전히 나와 다른 관점으로 세상을 읽는 이들이 궁금하다. 온몸이 기억하는 그 세포로 알아차리고 싶어서 오늘도 경험은 포기할 수가 없다.

아빠는 에버랜드 자유 이용권을
끊어줄 수 없었다

열 살 때인가? 한 달 전부터 아빠는 날 에버랜드에 데려가기로 했다. 그러나 약속한 당일 어김없이 텔레비전만 보았다. 아마 또 돈이 부족했으리라…. 당시 에버랜드의 4인 자유 이용권을 끊어주기에 아빠 월급은 턱없이 빠듯했으니까. 그날의 실망감으로 온종일 울었다. 밥도 먹지 않고 울기만 했다. 이 기억이 왜 하필 다이칸야마 츠타야, 이 도쿄 한복판에서 떠오른 걸까?

우리 반에 디즈니랜드에 다녀온 친구가 있었다. 난 매일 물었다. 그곳에는 정말 인어공주가 살고 있냐고…. 나도 너무 가고 싶었지만 에버랜드도 버거워하는 아빠에게 디즈니랜드는 꿈도 꿀 수 없는 얘기. 욕심 많은 소정에 비해 아빠는 능력이 없었고, 엄마는 재력이 없었다. 그래서 남편을 고를 때 내게 중요했던 사항은 디즈니랜드에 가고 싶다고 했을 때 눈치 주지 않을 사람, 떠나기로 한 날 텔레비전만 보지 않고 빨딱빨딱 일어나 차에 시동을 거는 남자여야 한다는 점이었다. 그러고 보니 남편과 떠난 첫 해외여행지가 홍콩 디즈니랜드였다. 하지만 둘 다 유명 여행지에 가서 사진 찍고 노는 것에는 큰 흥미가 없었다. 그 이후 제대로 된 비즈니스 트립은 신혼여행부터다.

당시 '신혼여행'이 뭔지도 모르고 결혼했던 어린 신부 소정은(진짜 세상 물정 몰랐던) 우연히 사업가들끼리 비즈니스 트립을 간다는 얘기를 듣게 되었다. 당시 시부모님은 꽤 큰 금액을 여행비로 주셨는데 유럽 여행을 가기로 예정된 그 돈으로 사업가들과 떠나는 비즈니스 트립에 쓰자고 남편을 꼬셨다. 다행히 착한 남편은 반대하지 않았다. 그리고 우린 그 여행에서 나와 다른 시선을 가진 이들을 만날 수 있었다. 그게 '안목을 쌓는 여행, 비즈니스 트립의 시작'이었다.

한번은 유명한 사업가들과 교토의 천년기업을 공부하러 간 적이 있다. 그때 선생님이 물었다.

"여기 떡집이 두곳 있습니다. 한 곳은 1000년 된 가게고, 다른 한 곳은 300년 된 가게입니다. 네, 짝퉁이 300년입니다. 자, 그럼 맞혀보세요. 어느 곳이 1000년 된 가게일까요?"

사람들은 그냥 막 찍기 시작했다. 이때 한 고수가 "저기가 진짜야"라고 정확하게 가리키고 떠났다. 정답이었다.

그러나 그는 이유는 알려주지 않고 자기 길을 갔다. 남편은 화장실까지 쫓아갔다.

"형님, 어떻게 한 번에 맞히셨어요?"

"응? 넌 뭐 여기까지 따라오냐…. 종업원들 위치를 봐. 1000년 된 가게 종업원들은 각자 자신이 있어야 할 자리에 있지? 그런데 300년 된 가게 종업원들은 모여서 떠들고 있어. 어디든 잘되는 집은 각자의 역할과 위치가 명확해. 그러나 안되는 집은 꼭 모여 있어. 역할과 위치가 명확하지 않으니까."

진짜 너무 놀랐다.
그는 나와 달랐다.
나와 다르게 세상을 읽고 있었다.

그때 처음으로 강의장과 책이 아니라 '함께 여행'을 해야겠다고 생각했다. 나와 다르게 세상을 보는 사람들과. 그들과 동행할 때마다 같은 공간에서 *내가 읽지 못하는 것이 무엇인지 명확하게 알 수 있었다.* 그와의 만남 이후, 딱 10년만 비즈니스 트립에 투자해 보기로 했다. 그리고 '진짜 이래도 되나?' 싶을 만큼 가랑이가 찢어질 정도로 쫓아다녔다. 도대체 내 눈에는 안 보이는 것들이 왜 저 사람 눈에는 보일까? 그게 알고 싶어서….

출장과 여행,
참 모호한 경계

스물여덟 살 무렵부터 비즈니스 트립을 시작했으니, 아직 10년이 채 되지 않았다. 그러나 남편은 약속을 지켰다. 매년 1~2회 도쿄나 뉴욕, 북유럽 등에 계속 함께 나가 주었으니. 아직 10년을 채우진 못했어도 꽤 많은 감각이 생겨났고, 그 덕에 스웨덴 커피 브랜드 뷰클런즈를 한국에 소개하며 외국인 친구들과 같이 일할 기회를 만들기도 했다. 비즈니스 트립으로 인사이트를 얻는 과정은 퍼즐 맞추기와 같았다. 그림이 무엇인지는 현지에서는 절대 모른다. 조각이 절반쯤 모여야 큰 그림이 보이기에, 우선 퍼즐 조각을 모아야 했다. 떠날 때는 어떤 그림이 될지 알 수 없다. 하지만 퍼즐 조각이 맞춰지며 그림의 윤곽이 보일 때마다 나의 일과 묘하게 연결 지점이 생겨났다. 미친 척하고 시간과 돈을 들여 비즈니스 트립을 떠난 충분한 이유였다.

나는 스물한 살 때 억대 연봉 강사 밑에서 일을 배우는 것으로 직장 생활을 시작했다. 그리고 스물다섯 살쯤이었나? 나도 억대 연봉자가 되었다. 돌아보면 그때가 가장 일이 쉬웠다. 내 눈으로 봤으니 따라 하기 쉬웠고, 상상하기 좋았다. 그러나 어느 순간부터는 내가 그를 뛰어넘게 되었고, 더 이상 볼 수 없으니 상상하기가 어려워졌다. 심지어 내가 하는 교육이 영어가 아니었기 때문에 상상할 수 있는 그림도 없어진 셈이었다. 스스로 상상하고 답을 만들어야 했을 때, 타 분야의 사람들과 함께 여행하며 세상을 꽤 읽어냈다.

하지만 진짜 나를 키운 건 '경로 이탈'이다. 나이 지긋한 회장님, 사장님들과 해외연수를 갔을 때 일이다. 운 좋게 최고의 트렌드 전문가, 대기업 회장님들과 동행하여 트렌드 서치를 하고 있는데 막내 역할을 해야 한다는 압박에 시달리다 보니 내 성에 찰 만큼 볼 수가 없었다. 다들 바쁜 분들이고 워낙 많이 보다 보니 30분 내에 3층짜리 건물을 다 훑어보는 일정이었다. 그게 아쉬워 돌아가는 비행기표를 취소한 것이 나에겐 진짜 공부의 시작이었다.

도쿄에서 배운 것은 기획뿐만이 아니었다. 당시 한국에는 라이프스타일이라는 단어가 유행처럼 번지며 관련 책들이 쏟아져 나올 때였다. 그러나 실제로 마주한 츠타야는 책에서 본 것과 많이 달랐다. 정확히 말하면 내 상상과 달랐다. 그곳에 갔을 때, 느낌상 이곳을 파면 길이 보일 것 같았다. 그때의 난 깊이 방황하는 중이었다. 다이칸야마의 츠타야에 앉아 있는데 눈물이 왈칵 쏟아졌다. '12년간 교육을 해왔는데, 10년 더 똑같이 살아야 할까?'라는 질문이 나를 짓누르고 있었고, 무엇보다 이것만으로는 내 팀원들을 잘살게 할 그림이 안 그려졌다.

그때 그곳에서 창립자 마스다 무네아키가 서른세 살에 하던 일을 그만두고 자신의 상상 속에 있던 공간, 음악·영화·책을 함께 대여하는 츠타야라는 렌털 사업을 기획했음을 알았다. 그리고 30년간 세계 최고의 기획회사, 그러나 엄밀히 말하면 빅데이터회사, 부동산업까지 발전시켰다는 힌트를 얻었다. 찾았다, 큰 그림! 누군가가 서른세 살에 고리를 끊고 새롭게 시작하는 마음을 품었다는 것만으로도 희망이 되었고, 작은 렌털숍을 세계적인 기획회사로 키워냈다는 것만으로도 이곳을 공부하기 충분했다.

딱 1년만 이곳을 파기로 했다. 욕심 같아서는 1년간 이곳에서 살고 싶었지만 내가 움직여야 돈을 벌 수 있었던 우리 회사의 구조상 터무니없는 일이었다. 그래도 정말 알고 싶었다. 그래서 4년 전 설날, 회사 팀원 전원을 데리고 도쿄로 출발했다. 여행 다음 주에 근무를 마치는 인턴 친구까지 데리고.

지금 생각하면 참 당돌한 행동인데, 그때는 도쿄에서 본 희망을 모두와 나누고 싶다는 순수한 마음이었다. 그리고 실제로 더 많은 것을 얻었다. 우리는 낮에는 각자 여행을 했고, 밤에는 모여 함께 대화를 했다. 그 안에서 '생각'이라는 걸 하게 된다. 패키지여행을 다니거나 책을 볼 때는 수동적으로 받아들이기만 하던 것들을 '이건 왜 그렇지?' 하고 호기심을 품고, 스스로 답을 찾아간다. 그 과정이 일반 여행과 비즈니스 트립의 가장 큰 차이였다. 생각한다는 것. 회장님들을 따라다닐 때는 안 되던 것이 혼자 걸으니, 그리고 함께 일하는 친구들과 일을 목적으로 걸으니 가능해졌다. 돈을 내고 갔던 연수에서도 분명 많은 것을 배웠으나, 내게 그건 비즈니스 트립이 아니었다. 수동적이었기 때문이다. 당시 함께 도쿄에 갔던 친구들과 밤마다 나눈 대화에서 난 생각보다 많은 힌트를 얻었고, 꼭 남아서 다시금 확인해 보며 책에서 쌓을 수 없었던 마스다 무네아키의 디테일과 생각법을 유추해 갔다.

비즈니스 트립과 여행의 가장 큰 차이는 호기심을 풀어내고자 하는 끈기의 유무다. 일반적인 여행에서 사람들은 쇼핑과 관광지를 돌지만, 나는 당시 내게 처한 문제를 풀어내기 위해 길을 걸으며 생각한다. '왜 그렇지?' 그러다 보면, 비즈니스 트립을 할 때가 1년간 책을 가장 많이 보는 시간이 된다. 진짜 많은 자료를 길 위에서 찾고 또 생각했다. 비즈니스 트립을 통해 만든 사업 모델은 늘 성공적이었는데, 그 이유는 알아낼 때까지 다가가기 때문일 거다.

모든 퍼즐 조각이 맞춰질 때까지 기다리는 끈기 때문이 아 닐까?

감각은 카피가
안 된다

아쉽게도 감각은 카피가 안 된다. 안목은 감각의 영역이다. 처음에는 무조건 비싸면 좋은 것인 줄 알았지만, 아니었다. 명품을 엄청나게 좋아하는 친구가 있다. 머리끝부터 발끝까지 명품으로 치장한다. 그러나 그녀에게 '안목' 있다는 말은 누구도 하지 않았다. 그것이 왜 좋은 것인지 그녀는 알지 못했으니까.

1년쯤 도쿄에 왔다 갔다 했을 때, 기획이란 무엇인지를 배운 것 같았다. 공간 기획을 어떻게 해야 하는지 알겠다며 뛰어노는 논술 비즈니스 모델을 만들고 첫 인테리어 공사에 들어갔다. 시작은 거창했으나 끝은 미약하다 못해 부끄러웠다. 현실로 만들어내는 건 완전히 다른 얘기였다. 평면도를 두고 구역을 나누는 일부터 난관이었다. 책장을 나무로 해야 하는지, 흰색으로 해야 하는지도 기준이 없던 나였다. 세상에서 좋은 곳은 그렇게 다 다녔으면서 막상 내 공간을 만들려고 하니 어찌할 바를 모르는 나란 인간이었다. 그때 알았다. 안목은 책으로도 알 수 없고, 많이 봐서도 알 수 없고, *오늘처럼 실패해 보면서 온몸이 기억하게 하는 세포밖에 답이 없다고.*

감각은 카피가 안 된다. 마스다 무네아키를 흉내 내는 이들은 많겠지만, 진짜는 마스다 무네아키 하나다. 진짜가 되려면 내가 원하는 그림을 생각해 낼 수 있을 때까지 머리를 자극하고 또 자극해야 했고, 이를 현실로 만드는 감각이 되기까지는 실패하고 다시 일어나도 또 실패하며 갈고 닦아야 했다. 그때의 나는 어설픈지도 모른 채 어설펐다.

안목의
삽질

그때부터 다시 공부를 시작했다는 게 맞는 표현일 거다. 정말 포기하지 않고 계속 떠났고, 지금도 그러하다. 좋아하는 것과 좋은 것은 다르며, 좋아 보이는 것을 만드는 것과 좋은 것을 만드는 것은 확연히 다르다. 좋은 것을 볼 때는 좋아만 하지 않고 왜 좋은지 알려 했고, 좋은 공간에 가면 어느 브랜드를 쓰는지 스스로도 민망해질 만큼 찾아보고 기록했다. 더불어 여기가 왜 좋게 느껴지는지 대화할 수 있는 사람들을 곁에 많이 두려 했고, 이런 나를 귀찮아할 정도로 철판 깔고 물어봤다.

"대표님, 이거 어디 브랜드예요? 왜 이 브랜드 쓰신 거예요?"

"인테리어 실장님, 이 사진 속 가구가 어디 건지 알아봐 주실 수 있어요?"

"여보, 가서 물어봐 봐. 여기 인테리어 어디서 했는지."

세상에 '감각적으로 보이는' 사람은 참 많지만 감각적으로 '작품을 만들어내는' 이는 몇 없다는 걸 안 순간부터, 난 글로 쓰는 뻔지르르함의 뻔뻔함을 인지하게 되었다. 매일 인스타그램에 올릴 사진을 찍던 시간에 설계도를 보려 했고, 셀카 대신 벽면이 어떻게 생겼고 어떤 브랜드를 썼는지 디테일을 찍기 시작했다. 좋아 보이는 것은 얼마든지 만들 수 있지만 진짜 오래도록 좋은 작품을 만들기까지는 삽질 또 삽질의 시간이 필요해서, 거리 앞에서 난 늘 학생이어야 했다.

전 세계로 트렌드 투어를 다니다 보면 얼굴이 빨개지는 순간들이 있다. '어머… 여기 이 디자인 카피한 거야?' 모두가 알 만한 가장 핫한 브랜드들의 카피 흔적을 수도 없이 목격했다. 물론 카피하고, 그 정도의 브랜드로 키워 내기까지 그들도 머리통 터지게 고민하고 깨졌다는 걸 안다. 카피는 창작의 시작이지만, 끝이 돼서는 안 된다. 안목을 키워가는 방법으로 얼마 전 우리 캡틴은 팀원들에게 "편집숍을 만들기 전 1000장의 사진을 찍어 오세요"라는 미션을 줬다. 여기서 핵심은 진짜 1000장을 찍어보라는 거다.

이는 많은 브랜드에서 신입을 훈련시키는 효과적인 방법이다. 이 과정에서 감각이 꽤 열린다. 그러나 여기서 멈추는 사람이 있고, 자기 안으로 들어가는 사람이 있다.

진짜 내 것을 만들고 싶다면 고통의 과정에 아주 깊게, 또 깊게 들어서야 하는데…. 아, 이게 진짜 뼈아픈 일이다.

카피캣이 되고 싶지 않다. 분명 훌륭한 예술가들도 일정 시간은 남을 따라 하고, 수많은 자료를 보며 그다음 단계로 넘어간다. 그러나 대부분은 자신의 분위기를 넘어서지 못하고 생을 마감한다. 부끄러운지도 모른 채. 진짜들은 온몸으로 자신의 목소리를 들을 줄 안다. 뿌리부터가 다르다. 남의 것을 보고 따라 한 것은 가짜 냄새가 난다. 미술관에 가보면 기념품 숍에서 원본을 카피한 제품을 판다. 왜 그건 가지고 싶지 않을까? 혼이 없기 때문이다.

그러나 내 경험상 자기 안의 것을 꺼내 쓰는 이들은 이쑤시개 하나에서도 냄새가 난다. 분위기가 있다. 내가 곁에 두고 싶은 것들은 그 분위기들이며, 알아보고 싶은 것들은 진짜배기들이다. 친구 하고 싶은 사람들은 와인 한잔 두고 밤새도록 그 가치에 대해서 얘기를 나눌 수 있는 이들이다. 한 친구가 물었다. 진짜 내 것을 가지려면 어떻게 해야 하냐고. 그녀에게 다음 글을 전해주고 싶다.

"어릴 때부터 좋은 옷을 많이 입은 아이들은 좋은 배우자를 만날 확률이 높다는 연구 결과가 있습니다. 연애 상대를 선택할 때 자신이 입던 옷의 소재와 촉감의 옷을 입은 이들이 자연스레 눈에 들어오기 때문이죠."

어디선가 주워들은 이야기인데 지금까지 기억하는 걸

보면 꽤 충격적으로 공감했었나 보다. 패션업을 하다 보면 절실해진다. 좋은 퀄리티의 옷을 만들려면 좋은 옷을 온몸으로 기억하는 팀원이 많아져야 한다. 온몸으로 기억하는 것이 자산이다. 나야 일을 핑계로 좋은 옷을 수도 없이 입어봤지만, 진짜 일을 하는 건 팀원들이다. 백번은 강조했을 거다. 사지 않아도 괜찮으니 백화점에 가서 좋은 옷을 입어보고 또 입어보라고. 그 촉감을 기억해야 좋은 옷을 만들 수 있다고. 더불어 흉내 내는 것이 아니라 진짜가 되려면, 좋은 것이 왜 좋은 것인지까지 알아보는 피나는 노력이 필요하다. 좋은 교육도 마찬가지고, 공간도 마찬가지다. 경험으로 기억해야 한다. '온몸의 감각이 기억하는 일'이 첫째다. 안목을 키울 때, 내게 영감을 줬던 추사 김정희에 대한 평을 참고할 만하다. 환재 박규수가 김정희의 글씨를 평한 부분을 발췌한 글이다.

> 추사의 글씨는 어려서부터 늙을 때까지 그 서법이 여러 차례 바뀌었다. 어렸을 적에는 오직 동기창체에 뜻을 두었고, 젊어서 연경을 다녀온 후에는 당시 중국에서 유행하던 옹방강을 좇아 노닐면서 그의 글씨를 본받았다. 그래서 이 무렵 추사의 글씨는 너무 기름지고 획이 두껍고 골기가 적었다는 흠이 있었다. 그러나 소식, 구양순 등 역대 명필들을 열심히 공부

박규수는 추사의 이런 모습을 '입고출신', 즉 옛것으로
들어가 새것으로 나온 것이라고 표현했다. 난 이 과정을
종종 팀원들에게 자신의 것을 만들어내는 과정으로 표현
하곤 한다. 쉽게 말하면 추사 김정희도 처음에는 당대 유
행하던 글씨체를 따라 썼고, 중국에 가서 누군가의 글씨를
좋아하며 배웠다. 돌아와서도 역대 명필들을 공부하며 얼
마나 자괴감을 느끼고 가슴이 쓰렸을까?

그러나 중요한 건 귀양살이로 홀로 되었을 때 자기 자
신을 찾아냈다는 거다. 어쩌면 그 전까지는 좋은 것들이
무엇인지 알았다면, 이젠 자기 안의 좋은 것을 발견한 시
기라고 할 수 있겠다. 중요한 건 이거다. 저마다 뛰어난 이
세상에서 내 것 하나 가지기란 이토록 어려운 일이라는 것.
오죽하면 추사 김정희가 칠십 평생 그 단단한 벼루 10개를
밑창까지 뚫어냈고, 1000자루의 붓을 몽당붓 만들었다고

할까.

　요새 만나는 친구마다 자기만의 것을 가지고 싶단다. 퍼스널 브랜딩을 어떻게 하냐고 묻는다. 내가 퍼스널 브랜딩이 안 된 이유는 아직 드러날 만큼 가진 게 없어서고, 가진 게 있다고 생각하지만 생각보다 초라하기 때문이다. 내 것을 가졌을 때 브랜딩이 될 것이다. 지금 당장은 어렵다. 그러나 나는 꼭 가지고 싶다. 윤소정의 것. 이번 생에 안 된다면 다음 생에서라도 꼭 가져보려고 오늘도 나를 쓴다.

의욕 없는 날에는
안목을 키운다

안목을 키우는 시간이 좋았다. 그 시간만큼은 다시 해보고 싶다는 욕구가 솟아난다. 내 감각을 조금 더 높고 깊고 넓게 다듬어가는 동안, 왜 그것이 좋은 것인지 사색하는 숙성의 시간은 나를 돌아보게 한다.

여전히 오늘처럼 의욕을 잃은 날에는 그릇이든, 장인이 만든 연필이든, 좋은 공간이든 하나쯤 경험하러 밖으로 나간다. 좋은 것을 보면 동시대를 살아가는 이들에게 큰 자극을 받는다.

'아…, 도자기를 이렇게까지 신경 써서 만들 수 있구나', '공간에 이토록 디테일하게 신경 쓸 수 있구나.'

무기력의 끝판왕일 때 도쿄에 갔다. 다음 단계에 대해 아무것도 보이지 않았을 때, 그곳에도 여전히 나의 미래는 없었다. 하지만 긴 시간 동안 난 마스다 무네아키가 평생에 걸쳐 작업한 길을 걸었고, 최고를 맛보았다. 그러니 한

가지는 확실히 느낄 수 있었다. 내 인생을 더 바쳐 가치 있는 것을 만들어보고 싶다는 감정이 비장 끝까지 점점 차올랐다.

다시 1년간 도쿄를 공부한 뒤, 그 힘으로 뷰클런즈 작업에 들어갔다. 이때 가장 신경 쓴 것이 '내 안에서 솟아오르는 것'이었다. 밤을 새우고 또 새우면서 '기획'만큼은 홀로 하려 했다. 이때 신경 쓴 것은 좋아하는 것 말고, 좋아보이는 것 말고, 내 안의 좋은 것을 꺼내는 것이었다. 결국 가치를 알아가는 과정에서 좋은 것들은 그 사람의 것이란 결론을 내렸기 때문일 거다.

지금 보면 여전히 아쉬움이 남지만, 뷰클런즈는 그 마음으로 만든 곳이다. 내 안의 것을 더 뾰족하게 꺼내 쓰려고 하며 만든 공간, 혼이 담긴 공간이라고 자부할 수 있다. 그래서일까? 뾰족해진 가치는 소비자와 공명했다. 마케팅 한번 하지 않고 오직 기획만으로 점점 더 사랑받는 브랜드가 되고 있으니까. 뷰클런즈는 평생 교육만 하던 내게 정말 많은 것을 가르쳐준 브랜드다. 우리는 'It's not coffee, It's just pause'라는 슬로건을 만들고 커피가 아니라 'PAUSE', 즉 잠시 멈추는 시간을 팔기 시작했다. '뷰클런즈하다: 잠시 멈추고 오롯이 나를 돌아보는 시간'이라는 한 가지 콘셉트를 도출했다. 우리가 송리단길에 시작할 때만 해도 객단가를 따지던 때였는데, 오히려 더 머물고 싶게끔 만들려고 했다. 초기 기획은 내가 뚜렷하게 세웠지만 함께 일하는 팀원들이 2~3년 동안 천천히 시간을 두고 '뷰클런즈란 무엇인지' 이해하고, 브랜드 감각을 익히게 했다. 그러자 이제는 그들 스스로 움직여 모든 곳에 손길과 숨결을 불어넣고 있다.

그 과정에서 난 계속 도쿄, 뉴욕, 북유럽으로 주기적으로 향했다. 돈이 많아서가 아니다. 그럼에도 부족한 내 감각을 인지했기 때문이다. 온몸에서 튀어나와야 하는 감각이 다 소진되었을 때, 다시 일으켜 세우려 걸었다. 죽는 날까지 더 가치 있는 것을 만들고 싶다는 이 순수한 마음을 지켜나가고 싶어서, 그래서 걷는다.

열정만으로는

안 되는 것

얼마 전 웨딩 업계에서 일하는 친구와 함께 대화를 나누었다. 정말 죽어라 일하는 친구다. 업계 최고가 되겠다며, 동종 업계 사람들을 모두 분석하고 공부해서 회사를 꽤 큰 규모로 키웠다. 그러나 얼마 전에 그 분야 최고의 디렉터를 만나 피드백을 받으며 크게 깨졌다고 한다. 그러면서 생각한 것을 공유해 줬다.

"셔터 한 장으로 몇백만 원, 몇천만 원 달라지는 게 웨딩사진이야. 그런데 신기한 건, 고급 스튜디오로 올라갈수록 심플한 흰 배경이 대부분이라는 거야. 화려한 세트는 거의 없어. 단, 최고의 디렉터를 두지. 결국 진짜는 '분위기'를 연출하거든. 그 사람이 연출할 줄 아는 건 '무드'야. 그게 진짜 답답한 부분이야. 이 무드는 아무리 따라 하려 해도 따라 할 수가 없다는 거야.

'화목해 보이는' 사진을 찍는 사람과 '화목함'을 찍는 사람의 차이라고 하면 이해하려나? 좋은 사진 많이 보면서 아무리 비슷하게 찍으려 해도 색감, 조명, 각도, 표정은 다 따라 할 수 있을지언정 분위기는 카피가 안 돼. 좋은 사진에 돈을 쓰는 사람들은 그 분위기까지 알아보는 사람들이고. 그냥 저렴하게 찍고 싶은 고객들은 '가격'이 1순위기 때문에 이 디테일한 차이에 큰 관심 없거든. 일을 해보면 대량생산을 할 건지 고퀄리티를 고집할 건지 선택의 순간이 오는데, 난 가치 있는 사진을 찍고 싶어. 하지만 그 분위기, 무드를 잡는 능력은 소정이 네가 말한 그 안목, 몸으로 터득한 그 감각이라 시간이 필요하더라. 정말 어려워. 미칠 것 같아. 최정상에 있는 사람은 그 각자의 분위기를 온몸으로 가진 사람들인가 봐."

그의 눈빛에 담겨 있는 간절함을 잊을 수 없다. 나 역시 가져봤던 마음이라 깊이 공감했다. 안목을 원하는 친구와 나는 글로는 차마 알 수 없는, 누가 가르쳐준다고 해도 내 것이 될 수 없는, 카피할 수 없는 그 감각이 있어야 진짜가 될 수 있음을 알아버린 나이가 된 게 아닐까 싶다.

몇 년 전만 해도 열정적으로 하면 뭐든 될 줄 알았는데 이젠 온몸의 세포에 혼을 담아내는 사람들이 있다니…. 도대체 끝은 어디일까?

"오래오래 돈을 벌게 해준 것도
오래오래 함께 일을 하게 해준 것도
우리가 함께 쌓은 시간의 합이었다."

CHAPTER 5

우리의 중력

내 인생 최고의
자산은 함께 일한
동료들입니다

너와 오래오래 밥을 먹고 싶어.

나의 팀원들에게
진심으로 했던 말.

누군가가 유튜브에 그런 댓글을 달았더라.
윤소정이라는 사람이
과연 어떤 사람이기에
16년간 동행하는 팀원들이
그렇게 많을 수 있는지 궁금하다고.

돈으로는 절대 살 수 없는
오래오래의 가치는
관계에서 가장 빛이 날지도 모르겠다.

어느 순간
나에게 돈을 주는 사람보다
시간을 써준 이들이 귀하다는 것을
아는 이들이 많아졌을 때

우리의 '같이'는
더 '가치' 있어지지 않을까?

우리 함께
오래오래 일을 합시다

"우리 팀원 S는요. 오늘도 반드시 지각을 할 거예요. 12년 함께 일한 팀원으로서 말씀드리는데, 이해하려고 하지 마세요. 저희도 정말 고쳐보려고 노력했거든요? 내부적으로도 문제가 많았어요. 누군가는 지각을 아무렇지 않게 생각할 수도 있지만, 또 다른 팀원은 정말 싫어해서 1년을 싸운 적도 있었고요. 그런데 안 고쳐져요. 사람이 쉽게 바뀌나요? 정말 안 바뀌잖아요.

저희가 그 과정에서 배운 것은
팀은 이해하는 존재가 아니라는 것.
사랑까지는 바라지도 않아요.

그냥 세상에는 개새끼, 소새끼, 말새끼가 있잖아요? 우리 다 문제가 있는데…. 이때 '왜 넌 개새끼냐?'라고 묻지 않아야 팀이 되더라고요. 그니까 '왜 지각했어?'라고 묻기 시작하면 끝이 없더라고요. 그냥 '아, 개새끼구나' '아, 지각했구나' 하는 그 '…구나'의 마음! 그 마음이 쌓일 때 우리가 팀이 되더라고요. 솔로 가수 데뷔가 어려운 친구들이 걸그룹으로 데뷔하는 거잖아요? 뭔가 빈구석이 있으니까 상대가 채워주는 거죠. 그럼 상대의 빈구석쯤은 '왜 못 하냐?'가 아니라 '못 하는구나'로 바라봐야 했던 거죠. '넌 왜 그런 사람이냐?'라고 묻는 게 완전히 바보 같은 거죠. '비었구나'라고 말해야 팀이 되더라고요. 그러니까 저희 동료에게 팀이 되어주세요. 오늘도 지각하죠? 하하하. 지각했구나…."

그녀는 오늘도 지각을 했다. 하지만 시간이 지나고 보면 안다. 가장 늦게까지 남아 일한 친구가 그녀였다는 것을. 지각을 한다고 해서 책임감이 없는 것은 아니다. 그녀는 늘 일을 맡겨두면 누구보다 감각적으로 일했다. 그렇게 '…구나'의 시간이 쌓일수록 우리에게는 '우리'가 되어야만 하는 이유들이 쌓였다. 우리여야 하는 이유, 우리라서 좋고, 우리라서 서로를 지켜주고 싶었던 시간이 쌓였다. 그리하여 우리가 정말 잘되었으면 좋겠다는 마음이 생기는 순간 상상할 수 없는 힘이 되었다. 그것이 팀십 아닐까. 이해도, 사랑도 바라지 않았다. 그냥 '…. 너구나'의 마음, 그냥 너와 우리는 오래오래 밥을 먹고 싶다.

즐거운 복종을 쌓는
리더의 비밀

교육은 누군가의 약점을 채워주는 일이고 사업은 누군가의 강점을 쓰는 일이었다. 그래서 난 리더들에게 반드시 『키루스의 교육』이라는 책을 추천한다. 페르시아의 왕 키루스는 아들에게 전쟁에서 승리하는 법을 다음과 같이 가르친다.

"아들아. 장군이 장군다워지는 데 가장 필요한 건 전술이 아니다. 뛰어난 전술도 병사들이 따르지 않는다면? 쓸모가 없지. 중요한 건 '복종'이다. 네 생각에 병사들이 무희처럼, 아이돌 가수처럼 딱딱 춤추게 하는 사람. 그가 뛰어난 장수란다. 어떻게 복종을 끌어낼 수 있을까?"

"당근과 채찍! 잘하면 칭찬해 주고, 복종하지 않으면 처벌해야죠."

"그건 강제적인 복종이지 자발적인 복종이 아니란다. 즐거운 마음으로 복종하게 하는 자가 뛰어난 리더란다. 기억하렴. *사람은 자신에게 이득이 된다고 믿어야 즐거운 마음으로 복종한단다.*"

즐거운 복종? 지금까지는 복종이라는 단어를 듣는 게 '거북'했다. 하지만 '복종⋯.' 이건 꼭 한번 생각해 볼 만한 키워드다. 환자는 의사가 병을 잘 고친다는 믿음이 있어야 복종하고, 학생들은 선생님을 만났을 때 더 잘 살게 된다는 믿음이 있어야 말을 따른다. 키루스의 아버지는 아들에게 마지막까지 장군의 현명함을 가르쳤다.

"사람이 항상 이득을 줄 수 있는 위치에 있기는 어렵단다. 만약 그런 상황에 있을 수 없다면 딱 한 가지만 지키렴. 그들에게 좋은 일이 생기면 같이 기뻐하고, 슬픈 일이 생기면 같이 슬퍼하려무나. 그들이 어려운 처지에 처했을 때 최선을 다해 돕고, 피해를 당하는 일을 최소화해 주려고 하며, 매 순간 네가 노력하고 있음을 보여주어야 한다. 그렇게 리더는 '그들과 동행하는 자'란다."

그랬다. 내가 현장에서 실천하려 무던히 애썼던 리더십이었다. 참 별것 없는데 그게 전부다. 팀원의 어머님이 돌아가신 날, 나는 우리 엄마를 떠나보낸 적이 없어서 이 시간을 어떻게 보내야 할지 당황스러웠던 기억이 있다. 그때⋯, 난 진심으로 그의 엄마 입장에서 생각해 본다. 내가 우리 아들을 두고 떠날 때, 무엇이 가장 걱정될까.

그래서 편지를 썼다. 그의 동료이자 팀원으로서 우리

는 어떤 사람들이고, 그가 우리에게 어떤 존재인지 어머님을 향한 편지를 썼고 그 편지를 장례식장에 가서 조용히 읽어드리고 왔다. 평소에 어떤 음식을 좋아하셨는지 물어보고, 떠나기 전에 꼭 한번 대접해 드리고 싶은 마음으로 상을 차려드리고 돌아왔다. 생각보다 작은 마음이었는데 장례식이 끝난 뒤, 그는 엄마는 떠나보냈지만 형과 누나를 얻은 기분이라며 트루스와 함께 성장하려면 지금 어떤 역할이 필요하시냐고 진심으로 물었다. 일은 머리가 아니라 사랑이 한다. 우리가 정말 잘되었으면 좋겠다는 이 마음, 난 그 마음을 느낄 수 있는 현장이 좋다.

우리가 함께 먹는
밥과 술의 중력

"경영은 술이야."

나에게 경영을 가르쳐준 재현 오빠는 아무리 피곤해도 회의가 끝나면 회식에 동행했다. 그리고 마지막까지 친구들과 별 시답잖은 농담을 주고받았다. 그러면서 "경영은 술이야"라는 말을 빠짐없이 했는데 난 그 의미를 5년 만에 이해했다.

학창 시절, 그는 K그룹 아들과 친구였다. 종종 집에 놀러 가서 함께 밥 먹고 술 마시며 무의식에 자리 잡힌 리더십이 있었다. '아. 저런 말을 할 때 멋지구나. 저런 역할을 할 때 멋지구나.' 운 좋게 그는 회장의 리더십을 학습한 거다. 그건 밥 먹는 자리, 술 마시는 자리에서만 배울 수 있는 리더의 태도였다. 유머러스하게 분위기를 이끌어가는 모습, 사람들의 이야기를 경청하는 모습, 그럼에도 카리스마 있게 결정하는 모습 등등 회의장에서도, 강의장에서도, 책으로도 쌓을 수 없는 것이었다. 그래서 그는 끊임없이 때가 되면 밥 먹고 술 마시며 팀원들과 시간을 보냈다. 최고의 리더십 훈련이었다. 팀원들 사이에서 이를 또 흉내 내는 문화가 점점 확산되었으니까. 밥과 술을 강조한 것은 경영의 신 이나모리 가즈오도 마찬가지였다.

"나는 사람의 마음을 사로잡는 비결이 무엇이냐는 질문을 자주 받습니다만, 특별한 비결은 없습니다. 귀하가 공부해서 깨달은 철학을 직원들과 공유하려면 그저 모든 부서를 다니면서 설득하는 수밖에 없습니다. 그래서 나는 회식 자리를 마련해 직원들과 이야기를 나눴습니다. 술을 마시면 누구나 마음을 열게 되지요. 그러한 분위기를 만들어 '교세라를 이렇게 키워가고 싶다'는 마음을 털어놓고 간절히 호소했습니다."

실제 이나모리 가즈오는 본인의 회사 규모가 3000명이 될 때까지 직접 회식에 참여하고, 함께 밥을 먹고 술을 마셨다. 그가 사장을 가르칠 때도 함께 밥 먹고 술 마시며 대화하는 것을 가장 강조한다. 현장을 다니며 동료들과 이야기를 나눠야 가장 낮은 곳까지 이념이 동일하게 흐르게 할 수 있다. 결국 좋은 시스템이라는 것은 문화를 갖는 것이다. 좋은 회사는 정신의 전파를 통해 만들어진다. 예수가 열두 제자에게 정신을 전파했듯이, 열두 명의 팀원에게 정확하게 전달하려면 스며드는 시간, 축적되는 시간이 필요하다. 시간을 내 편으로 만들기 위해 나와 뜻을 함께하고자 하는 팀원들과 시간을 쌓는 것은 늘 1순위 과제다.

사업 초기 우리는 참 비효율적인 시간을 보냈다. 그때만 해도 우리 집을 사무실로 사용할 때라서 거의 3년간 매일 밥을 직접 해줬는데 밥하고, 설거지하는 그 시간이 참 비효율적이라고 생각했다. 하지만 밥을 먹는 그 순간만큼은 우린 서로 경청했다. 무언가를 먹는 시간에는 오감이 열린다. 입이 열릴 때, 코가 열리고, 눈이 열리고, 감각이 열리면서 드디어 귀가 열린다.

감각이 열린 순간에는 강의실, 회의실보다 편안하게 서로의 생각을 나눌 수 있다. 그래서 지금도 팀원들과 진지한 이야기를 해야 하는 날이면 꼭 밥을 먹자고 한다. 참 올드한 방식인데, 밥 먹는 시간에만 나눌 수 있는 대화의 온도가 있는 것은 분명 사실이다.

정말 귀하게 대접하고 싶은 날은 직접 음식을 해서 집으로 초대했다. 이놈의 밥이 뭔지. 그렇게 쌓인 시간이 벌써 10년이 넘으니, 우리 리더들은 팀원들 생일이 되면 직접 미역국을 끓여주는 친구, 자신의 작은 자취방으로 초대해 밥을 차려주는 친구 등 서서히 그 문화가 아래로 내려가고 있다. 함께 밥 먹고 술 마시는 날이 기대되는 친구들이 나의 동료일 때, 일터는 스스로 살아났다.

오래오래
돈을 법시다

　난 팔로워 수에 크게 집착하지 않는다. 원래부터 그랬던 건 아니다. SNS에 팔로워 숫자가 많은 인플루언서를 보며 주눅 들었던 나날도 있다. 하지만 '오래가는 숫자'의 비밀을 알게 된 이후부터 다른 숫자를 보게 된다. 큰 숫자는 의미 없었다. 그중에 쌓인 인연이 과연 몇 명인지에 따라서 관계에도 중력의 법칙이 작용하는 법이다.

　준오헤어 대표님이 비밀 그래프를 보여주신 적이 있다. 디자이너의 매출이 떨어졌다는 건 '단골손님' 관리를 안 했다는 증거라는 것이다. 단골의 방문이 줄어들면 신규 고객 유입률은 자동으로 떨어진다. 새로운 매출을 더 내려고 마케팅을 할수록 망하는 이유다. 진짜배기 디자이너들은 단골을 쌓고, 쌓아서 10년째 오는 고객이 전체 중 상당 수를 차지하는 노하우를 가지고 있다는 거다. 너무나 당연한 원리인데 쉽게 잊어버리는 관계의 법칙이었다. 돌아보면 내가 '단골'로 가는 가게는 나에게 장사하지 않았다. *장사를 하지 않았더니 진심이 팔리기 시작했다*는 대목이 딱 어울리는 사장님들이었다. 오히려 그들이 장사를 멈출까 봐 내가 홍보를 하고 다녔다.

블로그에 쓰던 글을 유료 구독 서비스로 전환하겠다고 선언한 2019년 10월. 그때 묻지도 따지지도 않고 10만 원을 지불하며 아직 발행되지도 않은 글을 사겠다는 친구들이 있었다. 그리고 그들 중 85퍼센트가 지금까지 함께하고 있다. 내 글을 오래 읽은 친구는 13년째 친구다. 계속 글을 쓰는 나도 대단하지만, 꾸준히 읽는 친구들이 더 대단하다. 가끔 그들이 보내오는 글에는 '일흔 살 생일파티까지 우리 같이 성장하자'라는, 눈물이 핑 도는 반가운 메시지들이 있다. 어릴 때는 베스트셀러 작가, 스테디셀러 작가가 되는 게 꿈이었다. 그러나 이젠 확실히 안다. 수백만 명에게 알려지는 것보다 한 사람이 1년, 3년, 10년, 20년, 30년 읽고 싶어 하는 글을 쓰는 것의 가치를. 그리고 난 친구들에게 받은 글값을 진심으로 하고 싶다.

언젠가 내가 사랑하는 친구들과 수업을 마치던 날, 마지막 인사로 이런 말을 한 적이 있다.

"오래오래 돈을 버세요. 전 매일 밤 나랑 공부하겠다고 친구들이 돈을 내줘서 정말 고마웠어요. 그대들이 나한테 입금해 준 돈, 그거 진짜 귀한 거잖아. 나 그 돈값 정말 하고 싶었거든. 다들 그 돈 벌려고 얼마나 열심히 일했어요? 그래서 난 이 밤이 아깝지 않게 만들고 싶었어…. 돈을 번다는 건 참 멋진 일이야. 누군가가 자신의 시간으로 번 돈을 나에게 지불했다는 것? 그건 자기 인생의 시간을 나눠준 거잖아. 월급이 250만 원이라면 누군가는 그달 번 돈의 5분의 1을 나에게 준 거잖아. 난 반드시 그 이상의 값어치를 하고 싶었어요. 그대들의 돈을 오래오래 벌 수 있어서 정말 행복했어요. 그러니까 각자의 자리에서 자신의 일로 오래오래 돈을 버세요. 그거 진짜 가치 있는 삶이거든."

오래오래 돈을 벌자…. 참 멋없는 인사다. 하지만 내가 아들과 작별하는 날 꼭 남겨주고 싶은 인사였다. '복아, 오래오래 돈을 벌렴. 그럼 네 시간이 가치 있어질 거야. 그러다 보면 네 주변에 정말 좋은 사람이 쌓이게 될 거야. 그게 엄마가 배운 세상이란다.'

오래오래 버는
돈의 가치

20대에는 몰랐다. 오래오래 돈을 버는 가치를. 난 6년째 같은 화장품을 쓴다. 화장품 값이 비싸서 가끔 다른 것으로 갈아탔다가도 결국 다시 돌아온다. 컴퓨터는 벌써 10년 넘게 같은 브랜드를 고집한다. 가장 오랫동안 산 브랜드의 옷도 그렇다. 좀 더 저렴한 걸 찾아보려 다른 옷들을 샀다가도 다시 돌아온다. 어김없이 다시 돌아가게 하는 브랜드가 있다. 쌓일수록 힘이 세지는 관계의 중력. 재구매는 오래오래 돈을 벌게 하며 브랜드의 중력을 만든다. 즉, 오래오래 돈을 벌려면? 오래 선택을 받아야 한다. 그럼 자연히 힘이 세지니까.

어린 날 시작한 교육업에서 나는 오랫동안 쌓이는 이 힘에 대해 뼈저리게 배웠다. 그 덕에 지금도 내가 프로그램을 열면, 재등록률이 85~90퍼센트에 이른다. 16년 쌓인 노하우는 모두 재방문, 이 '축적의 힘'에 맞춰져 있었다. 돌아보면 한 번도 큰 마케팅을 해본 적이 없다. 대행사를 써본 적도, 그 흔한 전문 마케터를 채용해 본 적도 없다. 그래서 회사가 덜 크기는 했지만, 반대로 쉽게 무너지지도 않았다. 다 재방문의 힘이다.

어릴 때 처음 온라인에 글을 썼을 때는 '좋아요'가 몇 개인지, 몇 명이나 내 글을 저장했는지 하는 수치에 신경을 썼다. 그러나 시간이 지날수록 진정으로 중요한 숫자는 따로 있다는 걸 알게 되었다. 내 글을 읽은 사람 중에 나를 만나보고 싶다고 생각한 이가 몇 명인지가 진짜 중력의 숫자였다. 현장에서는 오늘 매출이 얼마였는지보다는 재방문율이 떨어지고 있는지, 오르고 있는지를 면밀하게 살핀다. 새로운 사람을 모집하는 것보다 이탈자가 몇 명인지 그 수치를 살핀다. 쌓이지 않으면 힘이 약해지는 건 모든 곳이 똑같다.

돈은 늘 명확한 평가를 해줬다. 돈이 안 벌린다는 건, 냉정하게 말해 값어치를 못 했다는 피드백이었다. 내가 생각했을 땐 너무 좋은 서비스일지라도, 상대에게 돈값을 못한다면 명확하게 재구매가 일어나지 않는다. 그 냉정한 피드백은 나를 강인하게 키웠다. 생각하게 하고, 다시 돈값하는 사람이 되게 했다. 나의 일이 가치 있게 되는 순간은, 돈값을 하려고 애썼던 그 시간에 있었다. 그래서 정말 사랑하는 이들에게 '오래오래 돈을 버세요'라는 인사를 해주

159

고 싶었던 거다. 오래오래 돈 벌고 오래오래 선택받는 사람이 되려면, 더 가치 있는 일을 해야 한다. 그러니 우리 오래오래 돈을 벌자. 이 아름다운 인사를 마음으로 받아준 친구들이 벌써 그리운 걸 보면 우리의 시간은 중력의 시간인가 보다.

7년간 함께 지켰던
말의 중력

사실 이 비법은 얼굴이 새빨개졌던 기억에서 시작한다. 그날 난 그와 친해지고 싶었던 것 같다. 함께 식사를 하며 이런저런 얘기를 나도 모르게 뱉고 있었으니까. 어느 순간 그는 지나가는 말을 쓱 건넸다.

"소정 씨, 나에게는 원칙이 있어. *좋은 말은 더 좋게 옮기고, 나쁜 말은 옮기지 않는 거야.* 그게 내 경영 비법이자 사람을 대하는 원칙이야."

아…, 얼굴이 빨개질 수밖에. 그나마 다행이다. 부끄러워할 줄 아는 능력이라도 있어서. 그때의 나는 인지조차 못 했다. 식사를 하는 1시간 동안 내 이야기보다 남 이야기를 많이 했다는 걸. 그것도 매우 세련되지 못한 방법으로. 그날 이후 7년간 지키려고 정말 공들였던 '사람에 대한 원칙'은 좋은 말을 좋게 옮기고 나쁜 말은 옮기지 않는다는 것이다. 그렇게 7년을 살았다.

'이게 내 습관이었나?'를 까먹고 있을 만큼, 이제 주변인인 엄마와 남편이 말해줘야 알 만큼 무엇을 말해야 하고 무엇을 말하지 말아야 하는지에 대한 지혜를 발휘하며 산다. 그리고 오늘은 정말 큰 선물을 받았다. 상상하지도 못했던 선물. 이 선물을 건넨 어른은 나에게 이렇게 말씀하셨다.

"오래 지켜보니 소정의 그릇이 다르더라. 앞으로 더 많은 것을 품고 살라고 주는 선물이야."

이제야 7년 전, 서툰 나에게 원칙을 알려주셨던 분의 마음을 헤아려본다. 그때의 그는 나를 매우 안타까워했던 거다. 더불어 오랜 기간 그를 겪으며 수많은 이들이 자신을 조롱하고 욕할 때 그는 어떤 이에 대해서도 나쁜 말도 옮기지 않는 것을 내 눈으로 지켜봤다. 나에게는 훈련이자 최고의 학습이었다. 얼마 전 그의 최측근이 이런 말을 했다. "S회장님 곁에는 참 악인이 많아. 어쩜 그렇게 나쁜 사람들이 많지 싶을 만큼. 그런데 이상하지? 단 한 번도 당하지 않아. 그에게 해를 끼칠 수 있는 사람은 없거든."

"원칙주의자잖아요. 전 그에게 배운 '좋은 말은 좋게 옮기고, 나쁜 말은 옮기지 않는다' 이게 사람을 대하는 용인술의 핵심 같아요. 실천해 보니 더 그래요."

해야 하는 말과 함께
하지 말아야 하는 말도 쌓인다.

좋은 말을
좋게 옮긴다

스물두 살 때 알던 녀석이 서른세 살이 되어 결혼을 한다고 짝을 데려왔다. 다른 건 몰라도 그녀에게 확실하게 훈련시킨 것이 있다면, '시댁에서 어떤 며느리'가 되어야 하는지에 대한 지혜들이다. 좋은 말을 좋게 옮기는 연습을 가장 많이 한 현장이 가족 모임이었다. 늘 말수가 없었던 남편의 집에서 난 거의 라디오 역할을 했다.

처음 시댁에 갔을 때는 정말 이상했다. 밥을 먹는데 몸무게 얘기를 40분이나 하는 거다. 왜? 지금 내 몸무게가 60킬로그램이 넘는다고 말해야 하나? 나를 놀리는 건가? 별의별 생각을 다 했다. 그러나 알고 보니, 대화가 서툰 가족이었다. 그때부터 난 확성기가 되어 어머님, 아버님께 바깥 생활 하는 아들의 소식을 건넸다. 그도 그럴 것이 초등학교 3학년 때까지 영재였던 아들은 4학년 때부터 게임에 빠져서 8학군 전교 꼴등을 도맡은 개구쟁이였다.

그런 아들을 가족들이 다시 신뢰할 수 있도록 난 '좋은 말을 좋게 옮기는 아들의 확성기'가 되어주기로 했다. 아들이 밖에서 얼마나 인정받고 다니는지, 사람들에게 얼마나 필요한 사람인지 아주 사소하고 작은 이야기를 어머님, 아버님께 해드리고 은근슬쩍 쓱 빠져 있기를 10년. 그렇게 가족의 믿음은 탄생했다.

　이는 아들과 시어머님뿐만이 아니다. 우리 둘은 3년 전 법원에서 이혼 절차를 밟는 과정에서 가족들에게 상처를 남겼다. 그 과정에서 가장 크게 깨진 관계가 장모님과 사위 그리고 장모님과 시어머님이다. 첫 번째 장모님과 사위의 관계를 회복할 때도 같은 방법을 썼다. "엄마, 신 서방이 엄마 잠 못 주무신다고 베개 바꿔드리라고 하더라"부터 시작해서, "여보, 엄마가 당신은 예순 살이 되면 더 멋질 것 같대" 등등. 그들이 한 말에 MSG를 약간씩 쳐서 서로가 서로를 다시 볼 수 있게 하는 데 1년이 넘게 걸렸다.

　그리고 무엇보다 이번 달에는 시어머님이 눈물을 보이셨다. 친정엄마와 시어머님 사이에는 보이지 않는 묘한 실금이 있었는데, 이번에 복이 밥을 먹이면서 이렇게 말씀드렸다. "어머님, 저희 엄마는 복이 식사할 때마다 말씀하세요. 이렇게 밥알 한 톨도 안 남기고 맛있게 먹는 건 다 어머님의 좋은 유전자를 물려받았기 때문이라고요. 신 서방한테도 늘 아버님, 어머님의 좋은 유전자를 존경할 수 있게끔 밥 먹을 때마다 얘기해 주세요. 그래야 복이가 뿌리가 튼튼한 아이가 된다고요."

　어머님은 진심으로 눈물이 가득 맺히셨다. 그가 없는 자리에서 더 그의 자랑을 해주는 것, 그의 존재를 인정해 주는 것, 그리하여 한 번 더 눈길 가게 해주는 힘을 진심으로 실천했다. 가족 안에서 또 나의 팀 안에서. 그 덕에 우리가 팀이 되는 곳은 어디를 가든 불화 없이 오래갔다. 좋은 말을 더 좋게 옮겼을 뿐인데 말이다.

나쁜 말을
옮기지 않는다

사실 이건 너무 쉽다. 하지만 사람들끼리 친해지는 과정에선 반드시 뒷담화가 시작된다. 유발 하라리가 『사피엔스』에서 주장한 것처럼 인류 문명은 남의 이야기를 하며 진화했으니까. 전지전능한 신도 인간들 세계에서는 매일 오르락내리락하면서 평가받는다. 남 얘기를 하지 말라고 입을 틀어막은 것은 아니었다. 그저 나는 나쁜 말을 굳이 옮기지 않는 것, 그게 다였다.

방귀는 똥구멍으로만 나오는 게 아니라 입구멍으로 나오기도 하니까. 입으로 옮겨지는 가스는 독했다. 남에 대한 나쁜 생각이 입 밖으로 뿜어져 나오려고 하면, 화장실로 뛰어가서 혼자 뀌는 게 좋지 않을까? 굳이 남에게까지 나의 방귀 냄새를 풍길 필요는 없으니까. 좋은 말을 좋게 옮기는 이는 무슨 수를 써서라도 곁에 두고 나쁜 말을 더 나쁘게 옮기는 이는 소리 없이 멀리했다. 그럼 인간관계에서 발생할 수 있는 많은 위험이 줄어들었다. 대부분의 위험은 늘 측근에서 시작되는 법이니까.

내 마음과 시간, 돈을 써야 하는 귀한 사람을 알아보는 법을 이 과정에서 터득했다. 더불어 누구나 실수를 한다. 나 역시 원칙으로 삼지만, 나도 모르게 욱하고 올라올 때가 있어서 몇 번 이불킥을 하니까. 그럴 때 단칼에 잘라버리지 말고. 좋은 말을 좋게 옮기고 나쁜 말을 나쁘게 옮기지 않아서 얻을 수 있는 행운을 슬쩍 공유해 준다면⋯. 그건 우리가 덕을 쌓는 과정이었다. 7년 전 철없던 나에게 이 비법을 공유해 준 어른처럼.

———
오래오래 선택받는 사람이 되려면,
더 가치 있는 일을 해야 한다.

"매일 밤 컨티뉴어스,
우리는 기나긴 레이스를 이어가기 위해
앤드하고 있었다."

CHAPTER 6

학습의 중력

지치면 나만 손해라서,
매일 밤 우리가
선택한 것들

지치지 않고 나아가는 힘이 뭐예요?
- 지치면 나만 손해잖아요.

한참 달려보고 알았어.
오래 길을 달려야 할 때,
차를 멈추고 잠깐 쉬어가야 한다고 생각했거든?
아니, 차를 바꿔야 할 때도 있더라.

그때는 반드시
세상을 다르게 바라보는 방식을
학습해야 하는 순간이었어.

지치면 나만 손해니까.

사랑하는 그녀의
퇴사

그녀가 퇴사하던 날, 그날의 이별은 기분 좋았다. 그녀와 4년을 함께 일했다. 내 핸드폰에 '오래 볼수록 아름다운 친구'라고 저장된 그녀와의 이별. 표현 그대로 시간이 지날수록 아름다웠던 그녀와 마지막 점심을 먹으러 가는 길, 차 안 공기는 가벼웠다. 처음이다, 가벼운 이별. 첫사랑을 잊는 데 걸린 시간이 5년이다. 함께 일하는 동료들과 헤어지기 싫어서 이상하게 사업했던 초짜 사업가 윤소정. 첫 동료와 헤어질 때는 마시지도 못하는 술을 두세 달 내리 마셨다. 이별에 유난스러운 내가 이토록 가벼운 이별을 하다니, 참 오래 살고 볼 일이다.

그의 나이는 서른둘, 경력은 4년 차. 그녀가 그만두고 싶다고 얘기했을 때 아주 잠시 망설였다. '재능 있는 친구니까, 한 번 더 생각해 보라고 얘기를 해볼까?' 하지만 바로 마음을 접었다. 다른 동료들도 딱 4년 차 이맘때쯤 많이

171

들 멈추고 싶어 한다. 그때 난 전력을 다해 그들을 붙잡았다. 왜 한 번 더 다시 해야 하는지 알려주었고 다음 단계를 제시했다. 다음 퇴사일을 정해주기도 했다. 그러나 이번엔 멈췄다. 그녀는 나와 닮았다. 다 경험해 봐야 아는 친구다. 경력을 떠나서 나도 딱 그 나이에 다 그만두고 훌쩍 떠나고 싶었다. 더 정확히는 내 삶을 정비하고 싶었다. 뭔가 열심히는 살았는데 손에 모인 건 없고, 체력은 바닥나고, 온몸이 아팠다. 무엇을 위해 이렇게 달려야 하는지 다 잊어버렸던 그때가 딱 서른두 살이었다.

그녀처럼 나도 일을 무지막지하게 사랑했다. 그러나 그때 난 '이 일이 내 일일까?' 싶을 만큼 에너지가 고갈되었다. 새로운 길이 또 있을 것 같았고, 더 나은 삶이 있을 것 같았다. 그때 막 도쿄에 츠타야를 만든 마스다 무네아키를 보며, 서른세 살에 새로 시작하겠다고 결심했다. 그래, 정말 새롭게 시작해 보고 싶던 때였다. 많은 어른이 날 말리고 싶었단다. '너 그런 경력, 억만금을 주고도 못 사는 거야. 지금이 멈출 때니?'라고 엄마는 턱 끝까지 올라오던 말을 수십 번 집어삼켰다. 주변 어른들도 말을 아꼈다. 지쳐 쓰러질 때까지 뛰어봤던 이들은 모두 침묵으로 응원을 보냈다. 뭔가 열심히 해본 이들은 모두 이런 시간을 맞이한 이들을 응원하는 법을 알고 있었다. 열심히 살면 살수록 지쳐버리는, 희망까지 바닥나 쓰러지는 날. 우리는 또 방황하고, 또 방황하다가 다시 한번 나를 세워보는 귀한 경험을 하게 되니까.

서른둘에 방황했고, 서른다섯 내 자리로 돌아갔다. 돌아오는 그 과정이 너무 아름다웠다. 그래서 더 그녀를 붙잡을 수가 없었다. 이 방황의 가치가 너무 값진 것이라 침묵했다. 그때 멈추고 방황하지 않았다면, 지쳐 쓰러지지 않았다면 나는 *다시 나를 일으켜 인생을 완주하는 단단한 마음을, 의지를 배우지 못했을 거다.* 이제야 정말 뼛속까지 안다. *'지치면 나만 손해'라는 걸.* 오늘 내가 그녀의 손을 잡지 않은 건 그녀가 필요하지 않아서가 아니라, 정말 그녀가 세상에 필요한 사람이 되길 바라는 마음에서였다.

그녀는 교육 현장에 참 잘 어울리는 사람이었다. 이런 선생님이 또 있을까 싶을 만큼 고마운 사람이다. 부족한 것은 리더 윤소정이었지, 그녀가 아니었다. 그래서 더 그녀의 경험을 존중하기로 했다. 내가 '지치면 나만 손해야'라고 말해주는 것보다 그녀가 스스로 자리를 이탈하고, 방황하고, 자신을 일으키며 깨닫는 삶의 가치가 너무 귀해서 난 그녀의 시간을 존중하기로 했다. 그녀는 식사하며 내게 물었다.

"제가 대표님 곁에서 4년 있으면서 늘 궁금했던 건데, 물어봐도 돼요?"

"뭔데?"

"대표님은 안 지치세요?

이 많은 팀원 하나하나 다 챙기고, 사업하고, 가족들도 다 세세히 돌보고…. 쉽지 않은 일이잖아요. 윤소정의 삶."

"하하. 나라고 왜 평범하게 살고 싶지 않겠어? 나도 저기 앉아 있는 사모님들처럼, 남편이 벌어다 준 돈으로 살아보는 게 소원이었던 날이 왜 없었겠어? 나 진짜 재밌게 살 수 있거든. 종일 우리 아이 보면서 평범한 일상을 보내는 것 나도 좋아해. 꼭 꿈이 거대해야 하나? 살아보니 보통의 날이 제일 좋더라. 그런데 말이야. 삶이 나를 가만두지 않는 걸 어떻게 해? 나도 올해는 좀 쉬면서 천천히 가려 했어. 나 정도 고생했으면 그 정도 쉬어도 된다고 생각했거든. 근데 그때 딱 코로나가 터지는 거야. 좀 수습하고 나니까 떡하니 아기가 생겨버렸지. 내가 아기 엄마가 되는 걸 상상했냐고? 이제는 알아. 평범하게 사는 것, 다 때가 있겠지. 평범한 일상의 연속, 그거 진짜 멋진 거야. 나에게도 오겠지. 안 지치냐고? 하하. 난 그냥 내 운명을 조금 더 사랑한 것뿐이야. 내 운명에 내가 지치면 어쩌겠어."

말 그대로였다. 운명(運命). 인간의 언어로는 설명할 수 없는 참 묘한 세계. 나의 길. 내 길에서 내가 지치면 누가 그 길을 걸어줄까? 누구도 대신 걸어줄 수 없다면, 내가 끝까지 걸어가야 끝나는 게 인생이라면. 시작부터 꽃길이 아닌, 내 삶에 철마다 피는 꽃을 심고 싶어 부지런히 움직였다. 한 번 더 쓸고 닦았다. 음악이 흐르면 춤을 추고, 비가 내리면 그래도 좋아하는 우산을 쓰고 길을 나섰다. 지치면 나만 손해니까. 운명, 옮길 운, 목숨 명. 글자 그대로 내 남은 시간(목숨)을 다음 단계로 넘겨주던 사건들을 끌어안는다. 그녀와 나는 참 다르다. 그러면서 같다. 자신의 운명을 기꺼이 사랑할 사람들이라는 것. 그러고 보니 오늘 우리 둘의 이별, 좀 멋졌다. 마지막에 그녀는 내게 물었다.

"대표님 한번 안아봐도 돼요?"

우리 둘은 와락 안았다. 그녀가 말했다.

"정말…. 너무 사랑해요."

할 수 있는 모든 과장법을 써서 말해주고 싶었다.

나도 너를 그만큼 응원한다고.

방황까지도 사랑이라고.

지치면

나만 손해

그다음 주, 퇴사한 다른 동료를 만났다. 그에게 먼저 독립을 권한 건 나였다. 그때 그는 너무 지쳐 있었고, 난 그가 행복하기를 바랐다. 하지만 1년 뒤, 우리는 깔깔대며 말했다.

"지치면 나만 손해야."

우린 몰랐다. 쉬면 모든 게 다 충전될 거라고 생각했다. 참 순진했다. 쉬고 나면 해결될 거라는 생각이 어리석어 웃었다. 운명의 파도를 우리 둘 다 너무 우습게 생각한 것이었을까? 멈추고 쉬었지만, 또다시 달리게 하는 것도 운명이었다. 우리가 조금만 더 똑똑했더라면 지쳤다고 무식하게 급브레이크를 밟지는 않았을 거다. 우리는 미친 듯이 전력 질주 했다. 열심히 전력 질주 하는 건 꽤 학습되어 있었다. 하지만 지쳤을 때 무엇을 해야 하는지는 학습한 적 없었다.

나에게도 지쳤을 때 해야 하는 학습,
그것을 생각했던 시간이 있다.

이제는 새 차로
갈아타야 하는 순간

"여러분 보면서 늘 걱정했어요. 너무 열심히 해서요. 뜨거워서요. 열정적이라서요. 그럼 금방 지치거든요. 사람을 차로 비유해 볼까요? 차가 막 기름이 바닥나서 퍼지기 일보 직전인 거죠. 더 달릴 힘이 없어 지친 거예요. 이때 대부분 사람은 어떻게 대응할지 몰라 일단 차를 세우고 쉬는 것을 선택해요. 좀 쉬고 나면 회복될 것 같거든요? 그런데 그늘에서 좀 쉬면 괜찮아질까요? 아니요, 그게 그렇지 않더라고요. 멈추고, 세차하겠다고 때 빼고 광낸다고 해서 다음 길을 가기 어려울 때가 많아요.

살다 보면 낡은 차에 기름을 넣을 게 아니라 새 차로 바꿔야 할 때가 있거든요. 지쳐 쓰러질 것 같을 때, 방전되었을 때. 그땐 새 차로 바꿔 타야 해요. 새 차로 바꾸는 것이 회사를 바꾸는 것이라고 생각하는 이들도 있어요. 글쎄요. *그때는 새롭게 배워야 할 때였어요. 세상을 사는 다른*

177

방법을 배우는 거죠. 세상을 보는 다른 눈이 필요해요. 그래서 알려주고 싶었어요. 제가 알고 있는 이 교육 방법론이 선생님들을 지치지 않게 했으면 좋겠거든요.

저도 그렇게 지칠 때마다 새롭게 배웠거든요. 그 덕에 8평뿐인 나의 세상을 18평으로 넓히고, 28평으로, 38평으로, 점점 더 넓히며 가볼 만하게 만들었지요. 지금 혹시 지쳐 있다면 저랑 공부한 세상으로 차를 바꿔 탔으면 좋겠어요. 간혹 나는 평생 같은 차를 탔다고 자랑하는 사람을 만나요. 그건 자랑할 일은 아닌 것 같아요. 기나긴 내 인생을 완주하려면 차를 바꿔 타는 것도 지혜죠."

너무나 완벽한 비유였다. 그랬다. 차를 멈출 게 아니라, 차를 바꿔야 했다. 지친 나와 동료들에게 새로운 학습법을 이식해 준 것은 폴앤마크 최재웅 대표였다 그와 파트너가 되어 '선생님 학교'를 만들기로 기획한 첫날. 이 문장은 지친 나날을 꾸역꾸역 참아가며 힘을 냈던 우리에게 교육을 다시 바라볼 눈을 심어주었다.

모멘텀을 잃은 사람들,
모멘텀을 지킨 사람들

"요새 ○○○ 회사 정리하고 굉장히 행복하게 지낸다더라. △△△ 대표도 매각하고 더 가벼워졌대. 다들 참 보기 좋더라."

"다행이네⋯. 근데 그녀들은 다시 돌아올 거야. 현장으로 돌아오게 되어 있어⋯."

지쳐 쓰러져 교육 현장을 떠날 때 난 현장으로 돌아오지 않겠다고 결심했다. 남편은 약속대로 더 이상 내가 교육 현장에서 뛰고살 수 있는 환경을 만들어두었고, 더이상 SNS에 나를 노출하지 않아도 괜찮았다. 그러나 꽤 눈치 빨랐던 소정은 현장을 떠날수록 죽어가고 있는 자신을 느꼈다. 모멘텀(MOMENTUM) 때문이다.

1년의 휴식도 채우지 못하고 다시 공부할 수 있는 현장을 만들었다. 그것이 매일 밤 2시간씩 다양한 분야의 직업을 가진 친구들과 함께 공부하는 '앤드엔클럽(구 뉴러너클럽)'이다. 멈추는 것이 아니라 배우는 방법을 바꿨다. 우선, 나를 다시 살려주고 싶었다. 내 자리를 잃어버리는 순간 되돌릴 수 없는 속도가 있었다. 모멘텀이다.

트럼프는 사람들에게 호불호가 극명하게 갈리는 인물이다. 그러나 젊은 시절 트럼프의 일화는 내게 꽤 짙은 공감을 일으켰다. 20대에 그는 뉴욕의 한 파티장에서 한때 건설계의 대부호였으나 지금은 거지가 된 '윌리엄'이란 인물을 만났다. 그의 행색이 너무 초라해 아무도 말을 걸지 않았지만, 트럼프는 가까이 다가가 안부를 물었다. 그리고 그날 생을 바꾼 깨달음을 얻었다고 고백한다.

"안녕하세요? 혹시 윌리엄인가요? 전 도널드 트럼프라고 해요."

"이미 알고 있네."

"윌리엄 맞군요! 요즘 어떻게 지내고 있나요?"

"좋진 않지…. 그래, 아주 좋지 않아."

"도대체 당신에게 무슨 일이 생긴 건가요?"

"난… 나의 모멘텀, 속도를 잃었어."

윌리엄은 업계에서 성실하기로 유명한 사람이었다. 밤마다 모든 현장을 돌면서 못과 톱밥을 정리했으니까. 그의 현장은 늘 깨끗했고, 정리정돈이 잘되어 있었다. 정돈된 현장일수록 안전사고가 적다. 20년을 그렇게 성실하게 살아낸 윌리엄의 회사에는 일감이 기하급수적으로 몰렸다. 그 결과 그의 회사에는 큰 인수 제안이 들어왔고, 회사를 매각하여 그는 억만장자 대열에 올랐다. 드디어 요트를 타고 전 세계를 여행하는, 꿈에 그리던 삶을 살게 된 것이다. 무려 10년을 놀고먹으며 쉬었다. 즐거운 나날이었다.

그러던 어느 날 회사에서 연락이 왔단다. 혹시 다시 돌아와 줄 수 있냐고. 그들은 10년간 적자를 보고 있었고, 건설에 너무나 무지했던 사람들이 인수한 상황이라 되팔 사람도 없었던 거다. 놀고먹기가 지루했던 윌리엄은 자신의 예전 자리로 돌아갔다. 그는 또 성실하게 빈 땅을 사들이고, 회사를 키워보려 열심히 뛰어보았다. 그러나 결과는? 개인파산….

모멘텀을 잃었다는 것. 그는 너무 오래 쉬어서 감을 잃어버린 거다. 10년 이상 놀고, 현장에 돌아갔을 때는 이미 예전과 같은 힘이 나오지 않았다. 20대의 트럼프는 얼마나 똑똑한 놈이었는지…. 이 말을 평생 기억했다. 지금도 당장 화면을 뚫고 나올 것 같은 기세를 가지고 있는 78세의 트럼프. 난 그를 좋아하지도, 싫어하지도 않는다. 그러나 이 모멘텀의 일화는 오래 나를 휘감았다.

교육 현장에 있을 때는 정말 이곳을 떠나고 싶었다. 그러나 1년쯤 떠나고 나니, 잃어가는 건 나의 감이었다. 분명 날아다녔던 나의 기획력, 정확하게 읽어내던 명석함…. 그 중에서도 센스, 통찰력이 점점 떨어지고 있었다. 마치 멈춰진 시계처럼, 서서히 속도가 줄어들고 있었다.

모멘텀을 한국어로 번역하면? 기세(氣勢)다. 봉준호 감독의 〈기생충〉에 나오는 대사처럼.

"14번 답. 확실해?… 너 방금, 뒷문제들 한참 풀다가 14번으로 다시 또 돌아왔어. 그랬지?"

"네."

"만약 지금 실전 수능이고, 이게 1번 문제였으면, 너는 시작부터 완전 엉킨 거야. 이거 봐, 맥박도 완전 엉켰어, 심장이 거짓말을 못 해. 시험이라는 게 뭐야? 앞으로 치고 나가는 거야. 그 흐름을, 그 리듬을 놓치면 꽝이야. 14번 정답? 관심 없어. 나는 오로지 다혜가 이 시험 전체를 어떻게 치고 나가는가! 어떻게 장악하는가! 거기에만, 관심 있어. 실전은 기세야, 기세."

시험만 그럴까? 흐름을 놓치면 치고 나갈 수 없는 것들이 있다. 자전거도 헬리콥터도 갑자기 멈춰버리면 추락한다. 그걸 전문용어로 페이스라고 한다. 물리학 용어의 모멘텀은 가속도였다. 무거운 비행기는 하늘을 날기 위해서 있는 힘껏 달린다. 하늘에서 우리는 안정적인 비행을 하는 것 같지만 그때 받았던 탄력으로 그들은 가속도를 낸다. 달리는 것들은 속도를 유지해야만 한다. 계속되어야 하는 기세, 모멘텀이다.

얼마 전 박서보 선생님이 SNS에 폐암 3기 소식을 알리셨다. '내 나이 아흔둘, 당장 죽어도 장수했다는 소리를 들을 텐데. 사는 것은 충분했지만, 아직 그리고 싶은 것들이 남았다. 그 시간만큼 알뜰하게 살아보련다. 다시 한번 부탁하건대 안부전화 하지 마라. 나는 캔버스에 한 줄이라도 더 긋고 싶다.'

죽는 날까지 아직 그리고 싶은 것이 남은 사람. 그 모습은 이어령 선생님의 마지막 순간과 닮았다. 마지막까지 목소리가 쩍쩍 갈라져 힘이 다 메말라질 때까지 강의를 하는 그를 보며 생각했다. 그가 남겨준 인사이트는 내 평생 다 소화할 수 없을 만큼 방대하다. 하지만 그럼에도 그는 기록하려 했다. 그것은 호랑이가 남기고 싶었던 가죽일까?

모멘텀이었다. 멈춰지지 않는 생명력. 평생을 달려온 수레가 한 번에 브레이크를 밟을 수 있을까? 멈추기까지 그럼에도 계속 나아가게 되는 속도가 있다. 마지막 남겨진 생명력은 그 흔적을 남긴다. 어떤 순간부터 이런 것들을 구분하는 눈이 생겼다. 그냥 돈이 많은 사람과 자신의 생으로 정말 본성(HUMAN NATURE)의 씨앗을 피워낸 사람. 난 후자이고 싶다. 마지막까지 그 씨앗을 터트리려고 하는 사람. 그래서 모멘텀을 내려놓을 수가 없다. 지친 나에게 필요했던 것은 멈춤이 아니라 새로운 학습이었다. 모멘텀, 이 속도를 유지하기 위해서 난 멈춤보다 'AND'를 선택

했다.

  "접속사 중에 오직 '그리고'만이 초심을 유지하게 해요. 하루 2시간, 우리가 이어갔던 공부들은 나를 새롭게 만든 것이 아니라 초심을 유지하게 해줬어요." - 앤드엔클럽 멤버 황인경

이제는 '뉴'가 아니라
'앤드'를 위하여

"너 언제까지 새로운 것 할 건데?" 우리 공부 모임의 첫 이름은 '뉴러너클럽'이었다. 매일 2시간씩 다음 단계를 준비하기 위해 새로운 공부를 한다는 의미였다. 하지만 서른여섯 살 내 생일에 네이미스트 재현 오빠는 '앤드엔' 클럽이라는 이름을 선물해 주었다. 앤드(AND)에 엔(n)승을 붙여 우리가 하는 공부를 정의한 것이다.

"언제까지 새로운 것 할 건데? 내가 30년 넘게 브랜드(BRAND)를 키우다 보니 핵심은 '앤드'에 있어. *계속 앤드할 수 있는가? 브랜드를 만드는 사람에게 평생의 과제지.* 브랜드의 'BR'은 브랜드 릴레이션십(Brand Relationship)을 의미하는 거야. 그 뒤의 AND는? 계속 그 브랜드가 소비자에게 사랑받기 위해서 브랜드 관계를 계속 'AND, AND, AND' 할 수 있는가? 매력을 지속시키고 있는가?를 생각해봐야 하는 거야.

우리가 정말 좋아했던 브랜드가 아무런 액티비티나 퍼포먼스를 보여주지 않으면? '쟤 너무 지루한데? 발전을 하지 않는구나' 하면서 등 돌리게 되거든. 그러니 공부는 새로워지기 위해서 하는 것이 아니라 계속 컨티뉴어스를 이어가고 있다고 정리해야 하는 거야. 앤드는 쌓여서 높이 되는 것이 아니라 매력이 유지된다는 의미에 가까워. 앤드가 계속될 때 다음으로 이어지는 거고.

그래서 네가 하는 클럽 이름은 '뉴러너'가 아니라 '앤드 엔클럽'이 되어야 하는 거야. 누구나 글을 쓰지만 윤소정처럼 13년째 매달 글을 쓰는 사람은 없거든. 작가들은 늘 자기복제에 빠지게 되는데 너는 AND하기 때문에 계속 매력을 이어갔던 거야. 공부는 누구나 시작하지만 컨티뉴어스한다는 건 쉽지 않은 일이지. 앤드엔클럽 친구들이 계속 공부하는 이유는 그들도 본능적으로 알고 있는 거야. 앤드 해야 한다는 것을. 넌 그러니 매일 밤 물어봐 주면 돼. 오늘도 앤드하셨어요?"

그렇게 매일 밤 컨티뉴어스,
우리는 이 긴 레이스를 이어가기 위해
앤드하고 있었다.

학습은
친해지는 과정

　새로운 공부판을 짜겠다고 마음먹었을 때 떠오른 단어는 '매일 2시간'이었다. 아마 그 안에는 어릴 때 지켜본, 셀트리온 초기 멤버였던 유석환 회장님(현재 로킷헬스케어)의 영향이 컸을 거다. 3D프린터라고는 전혀 몰랐던 할아버지가 갑자기 하루 2시간씩 공부하시더니 정말 세포를 재생해서 당뇨 걸린 발을 치료하는 사업으로 넘어가는 과정을 운 좋게 볼 수 있었다. 그와 매년 한두 차례 만나서 함께 밥을 먹었는데, 그때마다 그에겐 새로운 '전공'이 생겼다.

　매일 아침 2시간씩 새로운 분야를 공부한 시간이 30~40년 이어지자 그는 의학, 생명공학, 인공지능까지 웬만한 분야의 전문가들과 언제든 대화를 나눌 수 있는 수준까지 올랐다. 그는 돈을 내고 4년 전공한 사람과 현장에서 돈을 벌기 위해 두 달 만에 터득하는 사람의 습득력 및 학습력은 확연히 다르다는 점을 강조했다. 코로나 이후 새로운 공부법을 찾으려 했을 때 당연히 난 그에게서 얻은 힌트를 접목해 보고 싶었고, 결과는 생각보다 놀라웠다.

Rule 1. 매일 밤 2시간

우리는 매일 밤 2시간씩 줌에서 만나는 룰을 지켰다. 퇴근하면 어김없이 만났다. 지난 10년간 내가 한 강의들은 정해진 시간 동안 '핵심'을 정리했지만, 반대로 난 그 강의를 만드는 과정, 즉 학습하는 모든 시간을 계속 함께하기로 생각을 바꿨다. 그리고 '핵심'을 친해지는 과정에 맞췄다. 우리에게는 친구이자 동료가 되는 시간이 필요했다. 세계적인 교육학자 버니스 매카시는 학습은 친해지는 과정에 있다고 정의했다. 돌아보면 어떤 강의를 듣고 인생이 변했던 기억은 없다. 그 대신 내가 친해지고 싶었던 이와 밥 먹고 술 마시며 스며들었던 그 시간이 자산이 되었다. 친해진다는 것, 이건 생각보다 놀라운 학습력을 갖게 했다.

Rule 2. 대화

가끔 복이를 영어유치원에 보낼 거냐는 질문을 받는

다. 그때마다 난 잘 모르겠다고 답변한다. 영어유치원이든 한국어유치원이든, 중요한 건 어느 쪽이 더 친구들과 '대화'를 잘하게 해주는 곳이냐인데 아직 확인해 본 적은 없으니까. 언어를 배우는 이유는 관계를 잘 맺기 위해서다. 하지만 난 참 대화가 힘들었다. 남편과도, 팀원들과도. 비즈니스도 결국은 협상 이전에 대화다. 우리 아들도 마찬가지로 모든 일을 혼자 할 수는 없을 거다. 관계를 잘 맺으려면 '대화'를 배워야 했다.

우린 2시간 동안 매일 친구가 되고자 했다. 말을 잘하는 것보다 말에 힘이 있는 것이 중요하다고 믿었고, 서로에게 믿을 만한 사람이 되어주어야 했다. 토론은 상대를 설득하는 것이지만, 대화는 존중하는 것이다. 시간이 갈수록 점점 서로의 이야기에 경청해 주는 분위기가 생겨났고, 친해지는 과정에서 학습한다는 것의 의미를 배워갔다. 그리고 다음 날이면 현장에서 함께 일하는 동료, 함께 사는 가족과 더욱 친근한 대화를 실천했다. 그러자 일이 저절로 잘되기 시작했다.

Rule 3. 다양성

뉴러너클럽에서 앤드엔클럽이 되기까지, 공부하는 멤

버들은 철저하게 '직업'을 보고 선발했다. 이때의 직업은 좋은 직업, 나쁜 직업이 아니라 정말 다양하게 구성하기 위해서 동종 업계 사람들을 선발하지 않았다. 가령 회계사가 공부하고 있다면? 다른 회계사는 아무리 멋진 사람일지라도 제외했다. 내가 원한 것은 다양한 분야의 친구들과 대화하는 것이었다. 폭을 넓히기 위해서는 '아, 세상에 이런 일을 하는 사람들도 있구나' 하며 다양하게 들어보는 장이 필요했다.

이 시간은 윤소정 시즌 1의 한계를 돌파하는 시간이었다. 늘 편한 사람들, 나와 비슷한 사람들과 공부하다 보니 나에게 갇혀버렸던 나의 시즌 1. 사업 좀 한다고 '대표'들만 만났더니 '대표병'에 걸려서 진짜 소비자의 마음을 읽지 못한 때가 많았다. 그러나 현장에서 일을 하는 친구, 유명 브랜드의 대표가 아니라 정말 '현장을 진두지휘'하는 친구들의 이야기를 듣고, 함께 밥을 먹고, 술을 마시니 살아 있는 것 같았다. '맞아. 이런 문제를 개선했어야지…' 잃어버린 나를 다시 회복시켜준 건 그곳에서 만난 일을 사랑하는 친구들이었다.

선생이 선생들만 만날 때, 마케터가 마케터만 만날 때, 힙스터가 힙스터만 만날 때 깊은 대화는 가능할지 모르지만 외골수가 되어버릴 수 있다. 반대로 너무 수준이 비슷한 친구들끼리 모이면 학습에 발전이 없다. 그 분야에서

손꼽히는 인재, 전문가, 현장인을 적당히 조합하여 서로에게 스며들게 하는 것. 그게 나의 두 번째 시즌에서 찾은 돌파구였다.

그렇게 우리는 매일 2시간,
다양하게 일하는 친구들과
한 가지 주제로 대화를 한다.

시작할 때는 상상할 수 없던 것들이 내 삶에 스며들었다. 앤드는 나에서 우리로, 가정으로, 회사로, 사회로 퍼지며 하나의 문화가 되기 시작했다.

비교를 뛰어넘어
노하우를 공유하는 친구들

앤드엔클럽에서는 '노하우를 공유하는 것'이 중요했다. 그리고 그 안에서 건강한 비교가 일어나길 바랐다. 내가 10년간 했던 실수를 극복하기 위한 결정이었다. 내가 한창 활동할 때는 강연을 해야 성공한 삶 같았다. 그래서 난 너무 일찍 무대에 올랐다. 선생이 직업이었고 리더가 역할이었다 보니, 동시대를 살아가는 친구의 의미를 알지 못했다. 동시대를 산다는 것은 서로가 서로에게 영향을 준다는 의미다. 그러나 난 홀로 영향을 주고 있었다.

난 매달 SNS에 올리고 싶지 않았던 인사이트와 일기를 한 달에 한 번 구독자들에게 발행하는 〈윤소정의 생각〉을 운영하고 있었다. 그러나 이 구독 서비스가 우리 브랜드의 경쟁자들이 그렇게 좋아할 거라곤 생각하지 못했다. 그들은 연말이 되면 내가 공유한 비밀 노트 속 영감들로 크고 작은 성과를 냈다며 선물을 보내왔다. 그때마다 참

꼴이 우스워졌다. 나도 더 잘해야 했는데, 남에게 내 것만 알려주고 정작 난 배운 것이 없었다. 가르쳐준다는 멋진 타이틀로 성장하는 법을 잘못 배운 거다. 더 솔직하게는 나를 너무 사랑한 거다.

이건희 에세이 『생각 좀 하며 세상을 보자』 중 '미국 경제 부활 편'을 보면 다음과 같은 글이 있다. '사람이 자기를 알기는 몹시 어려운 일이지만, 자신을 알지 못하고는 결코 발전할 수 없다. 자신과 주변을 비교해서 위기의식을 갖는 것이 성공의 첫걸음이다.'

80년대 후반에 미국 경제가 침몰위기를 겪은 것도 자만심에서 비롯된 것이다. 제2차 세계대전 이후 1등 국가의 위상을 향유하는 과정에서 미국 기업들 사이 엔 자만심이 폭넓게 자리 잡았다.

그들은 아무에게도 배울 것이 없다고 느꼈으며, 오로지 자신들의 강점을 자랑하기에 바빴다. 거기에 전 세계에서 소송이 가장 많은 나라, 변호사가 넘치는 나라가 미국이다. 이처럼 '나만 잘되면 그만'이라는 이기주의와 기업간 두터운 벽이 미국 국가 경쟁력을 잠식했던 것이다.

그 틈을 타서 일본과 유럽의 회사들이 미국 시장을 공략했다. 대표적인 경우가 컬러 텔레비전이다. 모토

로라의 텔레비전은 마쓰시타, 마그나폭스는 필립스, GE와 RCA의 텔레비전은 톰슨이 인수했고, 제니스는 한국의 LG가 인수했다. 결국 미국 텔레비전 시장은 외국 기업에 완전히 점령당한 것이다.

그러나 오늘날 미국은 경제적으로 화려하게 재기했고, 선진국 중에서도 가장 높은 생산성을 기록하고 있다. 미국 경제력 회복의 근원에는 '벤치마킹'이라고 불리는 겸허한 배움이 숨어 있다. 이제 미국에서는 남에게 배운다는 것이 더 이상 부끄러운 일이 아니다. 그뿐 아니라, 자가 보유하고 있는 감정들을 공유함으로써 시너지 효과를 창출하는 지혜마저 갖게 되었다.

그런데 지금 한국 기업의 풍토는 어떠한가? 과거 위기에 처했던 미국과 별반 다를 게 없다. 세계 삼류라는 현실을 인정하고, 경각심을 느끼기보다는 국내 정상이라는 '우물 속의 평온함'을 느끼고 안도감에 젖어 있기를 원한다. 그런가 하면 남의 말, 나보다 나은 것을 받아들이려고 하지 않는다.

소위 텃세가 심한 것이다. 어렵사리 모셔온 기술 고민들의 노하우를 겸허히 배우려고 하기보다는 '배워서는 안 되는' 온갖 이유를 찾아내 오그라진 행태를 쉽게 볼 수 있다.

이런 우물 안 개구리의 기질을 버리지 못하는 한, 국가 경쟁력은 환상에 불과하다. 하루빨리 우물에서 뛰쳐나와 우리의 모습을 거울에 비추어 보아야 한다. 예를 들면 선진제품과의 비교 전시회를 정기적으로 개최해 품질과 성능의 격차를 인식하는 것도 좋은 방법이다. 최고를 모르고서는 최고가 될 수 없기 때문이다.

몇 년 전 미국 로스앤젤레스의 대형 매장 한구석에서 먼지만 뽀얗게 뒤집어쓴 채 천덕꾸러기 취급을 받고 있는 한국산 전자제품을 본 적 있다. 그때의 안타깝고 아찔했던 경험이 최근 들어 부호 분할 다중접속 전화 등 몇몇 세계적 첨단기술을 개발하는 데 커다란 자극제가 되었다.

또한 기술 고문에 대한 우리의 자세도 바뀌어야 한다. 그들의 경험과 노하우를 존중하는 한편 인간적으로도 극진한 대접을 아끼지 말아야 한다. 그렇게 해서 마음이 열릴 때 그들은 비장의 노하우까지 털어놓을 수 있게 될 것이다.

– 이건희, 『생각 좀 하며 세상을 보자』, 동아일보사

나는 20대에 나답게 살겠다는 명목하에 남과 비교하지 않으려 했다. 그러자 내가 어디에 있는지 위치조차 모

르게 되어버린 적이 있다. 내 멋에 취해 사는 예술가가 되어버렸다. 우리 브랜드들은 동네에서 가장 잘나간다? 우리끼리 즐거운 거다. 비교하지 않았기 때문이다. 사라지는 것들은 모두 자신들이 못해서 사라지는 것이 아니다. 더 센 놈이 나왔을 때 사라진다.

일을 잘하는 친구들을 만나다 보면 수만 가지 정보를 교류받는다. 그러다 보면 우리가 못하는 것과 잘하는 것뿐 아니라 고객들이 무엇을 원하는지가 보인다. 비교는 나를 구리게 하는 것이 아니라 내 위치를 정확히 알기 위해서 하는 것. 다양한 분야의 친구들과 매일 밤 대화를 하다 보니 건강한 비교가 시작되었다. 자기가 어디에 있는지 누가 평가해 주지 않아도 자기 자신이 가장 잘 알게 되었다.

그래서 난 나 홀로 노하우를 나눠주는 것이 아니라, 먼저 무엇이든 숫자까지 다 공유해 주는 사람이 되었다. 그러자 서로 작은 노하우를 못 알려줘서 안달인 친구들이 되었다. 나는 20대에 강의를 하러 다니면 안 되었다. 오히려 노하우 많은 사람의 강연을 들으러 다니면서 내 일을 키웠다면 내 사업이 훨씬 많이 컸으리라는 생각에 억울한 마음이 든다. 그 억울함을 다 해소하기 위해서 이곳에서는 상생을 위한, 나도 좋고 너도 좋은 노하우를 모두와 공유한다. 가장 안전한 방법, 믿을 수 있는 친구가 되어.

모방과 협력 사이에서
동료가 되기를 선택한 친구들

　우리 집에 놀러 온 친구가 내가 버리려 했던 그릇을 혼수 그릇으로 샀다고 했다. "나한테 얘기하지…. 난 버리려고 했는데." 이해할 수 없는 그녀의 선택을 나도 비슷하게 한 기억이 있다. 새 그릇을 샀는데 알고 보니 친구네 집에서 본 브랜드였던 거다. 돌아보면 학창 시절 참 유치한 싸움을 많이 했다. "너 왜 나 따라 해?" 그러게 우리는 왜 그렇게 서로를 따라 할까?

　르네 지라르의 미메시스 이론은 이를 정확하게 설명한다. 그리고 이를 통해 페이스북 최초 투자자 피터 틸은 50만 달러로 10억 달러, 그러니까 2000배를 벌었다. 그는 "나는 미메시스 이론에 투자했다"라고 이야기했을 만큼 이 놀라울 만큼 심플하지만 정확한 이론의 큰 수혜자였다.

　이론은 단순하다. 르네 지라르는 인간의 '모방'으로 세상이 움직인다고 생각했다. 아이가 태어나 제일 먼저 하는 것은 엄마, 아빠를 흉내 내는 모방이다. 이는 누가 시킨 것이 아니라 뇌에 세팅된 가장 강력한 생존 방법이다. 그러나 이러한 모방이 먹는 것, 싸는 것 같은 행동만 가르치는 것이 아니라 욕망도 모방하게 한다는 것이 그의 관점이다.

인간은 '관계'를 맺기 때문에 존재하며, 생각보다 많은 결정과 생각이 타인에 의해 이루어진다는 것이다. 어린 시절 극장을 너무나 가보고 싶어 한 친구가 있었다. 하지만 고대했던 극장에 들어섰을 때 무척 실망했다. 연극도 재미없었고, 극장도 시시했던 거다. 그러나 다음 날 아빠 친구 외교관 아저씨가 극장이 너무 좋았다고 말한다면? 그 친구의 믿음은 흔들린다. '아…, 좋았던 건가?' 지금 내가 입는 운동복도 운동복 자체로 소비한 것이 아니라, 인스타그램에서 운동복을 입고 멋지게 살아가는 언니를 모방하고자 하는 욕망 때문에 산 것이고, 친구가 베트남에 다녀온 사진을 보면 왠지 모르게 나도 가고 싶어지는 것 역시 욕망을 모방하는 어쩔 수 없는 인간의 모습인 거다.

서로가 서로를 닮아가고 싶어 하는 모방 이론으로 인류는 성장해 왔다. 지금 내가 되고 싶은 것, 가지고 싶은 것은 누군가의 욕망을 모방하려는 마음 때문인 거다. 그러다 보니 우리는 같은 시장에 가서 계속 상대와 경쟁하려고 한다. 하지만 이를 역이용한 게 피터 틸이다. 그는 스탠퍼드 대학교에 입학해서 르네 지라르 교수 수업을 들었고, 생각을 확 변화시키는 계기를 만든다. 곰곰이 생각해 보니 대학에 입학할 때 경영대학 친구들은 저마다 하고 싶다는 것이 있었다. 하지만 졸업할 때는 모두 컨설턴트가 되고 싶다고 말한다. 이상했다.

그는 자신이 창업한 회사부터 이 이론을 역으로 이용했다. 회사 내에 일어나는 경쟁은 서로의 욕망을 모방하기 때문이다. 그래서 역할을 명확히 해주고, 경쟁을 해서 서로 죽이는 게임이 아니라 협력해서 함께 갈 수 있는 상황을 만든 거다. 페이팔을 만드는 과정도 그랬다. 페이팔 서비스를 만들기 전, 그는 자신의 경쟁 업체를 운영하던 일론 머스크에게 찾아가 설득했다. '우리가 서로를 모방하려고 할수록 경쟁이 심해지고 결국 피폐해진다는 것'을 공유한 거다. 그리고 둘은 회사를 하나로 만들어 지금까지 페이팔 마피아의 일원으로 함께하고 있다. 경쟁을 넘어 협력한 것이다.

돌아보니 내게는 닮고 싶었던 타인의 욕망이 너무나 많았다. 그러다 보니 교육업을 하다가 패션도 해보고, F&B도 해보고…. 그와 역할을 나눠서 함께했다면 훨씬 멀리 갔을 텐데, 내가 직접 하려다가 바보 같은 일을 많이 하고 있었다. 르네 지라르의 이론을 알고 나서는 지금 내가 하고 싶어 하는 일이 내가 하고 싶은 일인지, 타인이 하고 있기 때문에 하고 싶어 하는 것인지 구별하기 시작했다. 그럼에도 해보고 싶은 것이라면 기존에 하는 친구들과 협력하려는 태도부터 가졌다. 그것이 우리가 앤드엔클럽에서 연습하고 싶었던 것들이다.

모방하고 싶다는 마음이 잘못되면 반드시 방향을 잃게 된다. 방향(方向)이라는 한자어에서 방(方)은 모방을 의미한다. 그 문자가 생긴 기원을 보면 소가 쟁기를 끄는 형상이다. 무언가에게 끌려가는 것이다. 하지만 모방을 창의성의 기원으로 바라본 사람들 역시 동양인이었다. 동양에서는 그림을 그리거나 글을 쓰기 전에 반드시 스승들의 작품을 모방하는 훈련을 시켰다. 그러나 이때의 모방은 지금과는 달랐다. *'그들의 정신을 이해할 수 있을 때까지 따라 그리고 쓰는 것'이다. 정신을 본받을 수 없다면 자신의 창작이 되지 않았다. 이것이 인간에게 가장 적합한 학습법이 아닐까 싶다.* 우리는 옛것들의 정신을 함께 본받으려 했고, 서로를 닮고 싶은 날에는 팀이 되려 했다.

방향을 잃지 않는 방법, 그건 너를 너무 사랑하면서 함께 같은 팀이 되는 것이었다. 돌아보면 난 왜 그렇게 바보같이 살았나 싶은 부분이 있다. 나의 치열함이 너무나 나의 성장만을 향했다는 것…. 그건 너랑 같이 살고 싶어서였는데 말이다. 더 나은 인간이 되어 함께 살고 싶어서였는데 왜 그렇게 내 입장만 생각했을까? 너를 닮고 싶다. 너를 따라 하고 싶고. 네가 가진 것을 가지고 싶다. 우리가 모방

해야만 살아남기 때문이다. 우보천리라는 말을 좋아한다. 소의 걸음으로 천 리를 갈 수 있다는 뜻이다. 그러나 그 소가 보는 방향이 빛이 아니라 어둠이라면 천리길을 간들 무슨 소용이랴. 더 나은 인간이 되고 싶어서, 그래서 일을 한다. 돈을 벌고 사업을 한다. 너와 함께하고 싶어서. 오래오래 함께 앤드하길 바라며.

우리는 모두 약했다,
그래서 함께했다

코로나 사태가 일어난 이후, 내 노트가 온통 숫자로 가득 차기 시작했다. 희망을 노래하고 싶지만 쉽지 않았다. 학원이 쉰다는 것은 2주간 매출이 0원이라는 사실뿐 아니라, 다음 달 2주도 0원에서 시작해야 한다는 의미이기도 하다. 커피숍 매출은 70퍼센트, 패션은 90퍼센트 떨어졌다. 여기저기서 동료 사업가들의 파산 또는 영업정지 소식들이 들려왔다. 나 혼자는 어떻게든 먹고살겠지만, 10여 명과 함께 돌파구를 찾아 나서야 하는 게 현실이다.

영화 〈작은 아씨들〉의 첫 장면에 '나는 고난이 많았기에 즐거운 이야기를 썼다(I've had lots of troubles, so I write jolly tales)'라는 원작 소설 작가의 한마디가 나온다. 정확하게 원어로 찾아보고 싶었다. 많은 어려움을 겪었기에 행복한(기쁜) 소설을 썼다는 그녀의 말을 원어로 정확히 보자, 눈물이 핑 돌았다. 한글로는 옮겨낼 수 없는 무게가 있었다.

코로나 이후, 주변 사업가 친구들 몇몇에게 안부를 물었다. 그중에서도 S는 제일 잘나가는 청년 사업가였다. 남편과 유난히 친했던 그는 정말 죽을 맛이라며, 파산 일보 직전의 자기 소식을 전했다. 전화를 끊고 난 덧붙었다. "그래도 S는 강하잖아! 잘 견뎌낼 거야." 그러자 남편의 한마디가 머리를 친다.

"얘도 당신이랑 똑같아. 강해 보이지만, 많이 두려울 거야."

순간, 그 안에서 내가 보였다. 괴롭기에 행복한 소설을 쓰고 싶었던 『작은 아씨들』의 저자 루이자 메이 올컷, 약하기에 강한 마음을 먹는 너 그리고 나. 불안하니까 행복한 사진만 올리는 그녀들에 대하여.

그렇다. 그는 강한 사람이 아니었다. 사람을 강하게 하는 것은 '상황'이었다. 내가 아무리 강한 사람이 되고 싶다는 마음을 먹는다고 해도, 이 현실에 놓이지 않으면 강해질 수 없었다. 그는 강하기 때문에 견디는 것이 아니라, 그 현실에 놓였기에 강해지는 것이다. 태어날 때부터 강한 아이는 없다. 상황이 아이를 강한 어른으로 만들어내는 것일 뿐. 너도 그리고 나도, 세상으로부터 자립해야 하는 순간이 어김없이 찾아와서 공부하고 싶었던 거다.

우리는 모두 바람을 느꼈다. 때가 되었다. 이제는 안

다. 자립, 나를 세워야 할 시간이 왔다. 위기 상황에 통장 잔고가 비워지는 것은 당연한 일. 어린 마음에 숫자를 계산하고 또 계산해도 답이 안 나오는 상황들을 보며 마음 졸이는 친구들. 모두 이름과 스펙은 화려했지만 처지는 같았다. 나약했다. 우리가 상상했던 오늘날의 내 모습보다 훨씬 더. 그래서 우리는 자립하기 위한 공부를 하고 있었다.

나다움을 졸업하고,
자립의 힘을 키우는 시간

"Y님의 꿈이 뭐예요?"

"전 죽는 날까지 성장하고 싶어요."

"와…. 그럼 Y님은 죽는 날까지 힘들게 살고 싶은 거예요?"

"네?"

"돌아봐요. 성장했던 시간이 언제였는지. 전 마음 편하게 지낸 날 성장했다고 느끼진 않았던 것 같아요. 상대적으로 죽을 만큼 힘든 고비를 넘겼을 때, 하다못해 이별을 하고 난 후에 한 뼘 성장했구나 생각했죠. 안 그래요? 만약 Y님이 죽는 날까지 성장하길 바란다면 평생 힘들게 해달라고 기도하시는 건가요?"

그는 꽤 놀란 표정이었다. 한마디 덧붙여 주고 싶었지만 꾹 참았다. 그때 하고 싶었던 말을 여기에 적는다. 굳이 성장이 꿈이 아니어도, 어린아이의 유치가 빠지듯 때가 되면 모든 것은 와르르 빠져버린다. 운이 좋은 사람은 자신의 계절 변화를 빠르게 알아채고 옷을 갈아입는다. 운이 나쁜 사람은 평생 교복을 벗고 싶어 하지 않는다. 어른의 옷으로 갈아입어야 할 때조차도. 그러다가 기회를 잃는다.

그러니 나답게 생존해야 한다. 너도나도 '나답게'라는 말을 쓴다. 그래서 어느 순간 그 말이 가벼워 보이기까지 한다. 누구나 할 수 있는 것 같지만, 가장 어려운 것이 나다움을 추구하는 길이다. 나다움의 연관검색어는 꼭 '생존'이어야 한다.

시장에서 '나다움'을 찾게 될 때는 경쟁이 최고조라는 뜻이다. 더 이상 다른 사람의 것을 카피해서 생존할 수 없기 때문에 세상에서 가장 강한 힘 '나다움'을 택해야 하는 상황에 놓이는 거다. 이것저것 다 지루하고 식상할 때, '그래서 너는 누군데?' 하고 묻기 시작한다. 그냥 이것저것 다 카피해도 먹고살 수 있던 그때가 어찌 보면 더 나았을지도 모르겠다. 나다움을 추구하는 길은 심장이 타들어 가는 길이다. 적어도 나한테는 그랬다. 독자적인 생각, 주체적인 결정으로 돈을 벌어야 생존할 수 있기 때문이다. 그래서 우리는 매일 밤 나다움을 떠나 이제 스스로 생각하는 방법에 대해서 대화했다.

'체인지'의
의미

어릴 때부터 책 읽는 사람을 극도로 싫어했다. 아빠 때문이다. 아빠는 방 안 가득 책을 쌓아두고 아무것도 실천하지 않았다. 하루는 돈이 없던 아빠가 카드 빚을 내서 책을 사 온 적이 있다. 집에 먹을 반찬은 아무것도 없는데, 책을 사서 읽지도 않는 아빠가 엄마는 참으로 한심해 보였을 거다. 그 부부싸움을 오래 지켜본 어린 나는 실천하지 않는 지식에 대한 혐오가 생겼다. 아빠는 똑똑했지만, 실제 현장에서 할 수 있는 것들이 없는, 지식인의 저주.

무언가 배웠다면? 반드시 체인지(CHANGED)되어야 한다. 나에게 교육 기획을 알려준 최재웅 대표님이 남겨준 문장이다. 한때 나는 독서 모임도 크게 운영해 봤고, 책을 많이 읽어야 한다고 전파도 했다. 그러나 어떤 순간부터 공부와 책을 강조하지 않는다. 그래서 오늘 무엇을 기억했고, 실천했는지를 물어야 했다. 탁상공론이 될 수밖에 없는 이유는 읽었다는 자기만족 때문이다. 우리는 만족감을 넘어 어려움이 있기를 바랐다.

오늘 무언가 공부했다면 내일 작은 태도라도 변화되어야 한다는 목표를 가지고 임했다. 그렇게 매일 만나면, 변화가 일어나는 것은 당연한 일이었다. 어릴 때는 내가 운영하는 수업 또는 프로그램에서 결과를 만들어낸 사람들이 있다면, 그 후기를 엄청나게 자랑했다. 그러나 앤드엔클럽만큼은 그럴 수가 없었다. 성과를 만들어내는 이가 너무 많았던 것도 사실이고, 그것이 나의 공이 아니라 우리 모두의 합이었기 때문이다.

코로나 시기에 서너 배씩 매출을 올린 친구부터 연봉 앞자리를 세 번이나 갈아치운 친구, 실제 투자를 받은 친구, 엄마가 된 친구, 책을 출판한 친구. 정말 다 나열할 수도 없는 업계의 프로 학습러들이 거미줄처럼 연결됐고, 성장했다. 그냥 우리는 매일 2시간씩 만나서 대화를 한 것뿐이다. 같이 공부했고, 대화했고, 실천하려 한 것이다. 하지만 그것은 결과였을 뿐. 난 그 과정에서 이 시대를 함께 살아가는 친구와 소중한 추억을 가득 만든 사람이 되었다.

지친 나에게 필요했던 것은
멈춤이 아니라 새로운 학습이었다.

"사랑이 가정이 되기까지
 우리는 수많은 날것의 감정을 쌓아가야만 했다."

CHAPTER 7

사랑의 중력

사랑도 숙성될수록
아름다울 수 있을까?

누구도 잘 쓸 수 없는 글
그건 날것의 사랑일 거야.
사랑에 관한 글만큼은
날것이 아니면 적을 수 없거든.

사랑만큼은
날것 그대로 알게 되면
아무도 시작할 수 없어.
신도 사탕발림할 수밖에 없는 감정이었을 거야.

난 더 이상 누군가의 사랑을 부러워할 수 없어.
현실 속 내 사랑엔 포토샵이 없었거든.

그저
숙성될수록 아름다운 맛이 나는 음식이 있다면
그건 사랑일 거야.
오래될수록 존경할 수밖에 없는 마음이 있다면
그건 사랑일 거야.

내 사랑에는
포토샵이 없었다

만약 그때로 돌아가
결혼식장에 들어가는 나를 만난다면
그저 말없이 꼬옥 안아주고 싶다.

　축복한다는 말도, 행복하라는 인사도 사랑을 시작하는 나에겐 사치 같은 말이었다. 연애는 상상이었지만, 결혼은 현실이었다. 난 어릴 때부터 왜 노래마다 사랑 타령인지 늘 의구심을 가졌다. 그리고 이제는 이렇게 결론을 내린다. *사랑만큼은 날것 그대로 알게 되면 아무도 시작할 수 없어서, 신도 사탕발림할 수밖에 없는 감정이었다.*

　내 사랑은 현실에 있었다. 화면 속 사랑들은 찰나였고, 필름 안의 우리는 연출이었다. 그 순간 가장 아름다운 표정을 짓고 있는. 마음에 드는 사진 한 장 만들려고 셔터를 수백 번 눌러야 결혼사진 한 장이 나온다. 그중에서도 못

난 모습은 지우고 멋진 사진 한 장이 연출된다. 그마저도 색감을 보정하고, 필터링을 한다. 그러나 현실 속 내 사랑의 분노, 불안, 우울을 사진으로 기록해 두는 이는 아직 만나본 적 없다. 현실에는 포토샵이 없다. 아름다운 순간만 짜깁기해서 살 수는 없었다. 그저 현실이었다.

사랑은 영화 〈노트북〉보다 막장 드라마에 가깝다

　모르겠다. 어딘가 저 몰디브 넘어 정글의 끝, 사막을 건너 북극곰이 사는 외딴섬에 영화 같은 사랑을 하는 노부부가 살고 있을지도. 그들은 '노부부'이거나 '10대 또는 20대' 이제 막 사랑에 빠진 아주 잠깐의 누군가라는 가능성에 내 전 재산을 건다. 영화 〈노트북〉은 노부부의 아름다운 사랑 이야기다. 10대 때 미칠 듯한 사랑에 빠지고, 로미오와 줄리엣처럼 부모님의 반대에 부딪혀 헤어진 커플. 여자는 결혼을 앞둔 순간 우연히 그를 다시 만나고, 결국 할머니, 할아버지가 될 때까지 아름답게 살았다는 이야기. 그.러.나 영화는 그들의 50년 세월을 다 보여줄 수 없어서 초반부, 그리고 마지막만 보여준다. 만약 그 중반부에 아이를 키우며 살았던 이야기를 그려냈다면, 그건 막장 드라마였을 거다.

엄마는 종종 막장 드라마보다 더 심한 일이 일어나는 게 현실이라고 했다. 어른들 말씀 틀린 것 하나 없다. 나의 결혼도 막장 드라마였다. 내가 팔자가 세서 그런 건지, 모두 다 인스타그램 사진처럼 잘 사는데 나만 유별난 경험을 하는 건지는 모르겠다. 그렇다면 이 글은 사랑에 대한 나의 열등의식일 수도 있겠다. 그러나 현실 속 내 사랑은 지금도 옆에서 시끄럽게 코를 곤다. 만약 그가 배우 공유라면 코를 고는 모습도 멋있을 텐데…. 내 남자는 곧 마흔이 되는 아저씨다.

연애를 시작할 때, 블로그에 연애 이야기를 참 많이 썼다. 이를 보고 나처럼 사랑하며 살고 싶다는 수많은 친구가 있었다. 지금 내 사랑이 변했다고(?) 해서 사과를 해야 하는 일인지는 모르겠다. 신혼 초에는 내 사랑이 변한 줄 알고 세상이 떠나갈 듯이 울었고, 내가 사람을 잘못 본 거라며 분노했다. 하지만 내가 롤모델이라며 좋아했던 션과 정혜영 같은 사랑을 하던 부부들도 시기별로 겪는 감정들이 변하는 것은 매한가지 아닐까.

부모님이 이혼한 후, 난 건강하게 사는 부부들과 어울리고 싶어서 꽤 많은 시간을 쏟아부었다. 그러나 뚜껑을 열어보면 저마다의 시기를 겪어가는 인간이었다. 그러니 정확히 따지면 누군가의 사랑이 부러운 것이 아니라, 그 시기가 부러운 것이 맞았다. 사랑이 변하는 게 아니라 그냥 사랑에 미친 시간이 끝났을 뿐. 누구에게나 심장 터질 듯한 시간이 있고, 결코 마주하고 싶지 않았던 모습을 봐야 하는 시기가 있다. 삶의 고비를 마주하는 굽이진 시간들에는 곁에 누가 있는 것도 귀찮고 버겁다. 그게 현실 속 인간의 사랑이었다.

얼마 전, 유튜브에서 구혜선의 인터뷰를 보았다. 그녀의 시끄러운 이혼 과정은 별 관심 없다. 그러나 마지막 그녀의 덤덤한 인터뷰가 참 좋았다. "10대에는 아무것도 몰랐고, 20대에는 모든 것을 다 안다고 생각했어요. 그러나 30대가 되니 아무것도 아는 게 없다는 것을 알아가고 있네요. 그동안의 나를 용서하고, 그를 용서하는 시간을 보내고 있습니다." 그렇다고 그들이 사랑하지 않았던 것일까? 그들의 사랑이 틀린 것일까? 대중은 환상이 깨진 순간 그들도 별거 없다며 손가락질한다. 그러나 나는 손가락질할 수 없었다. 내 사랑은 더 유치했으니까. 그러나 그 유치한 것들이 사람 가슴을 얼마나 후벼 파는지, 악마가 내 안에 몇 번이나 들어왔다가 나가는지 아는 나는 차마 댓글은 못 달아도 그것 또한 사랑이었다며 '좋아요' 하나 누르고 왔다.

얼마 전 내로라하는 톱스타 부부가 헤어졌다는 소식을 들었을 때, 나는 제일 먼저 남편에게 카톡을 보냈다. 그리고 남편은 이렇게 답장했다. "그들도 참 아팠겠다." 사랑했으니 아팠겠다. 어쩌면 지금도 아프겠다. 드라마 속 그들은 해피엔딩으로 끝났지만 현실 속 그들에게는 더 이상 작가가 존재하지 않는다. 인간이기 때문에 서로의 민낯을 볼 수밖에 없는 사랑. 그러나 시간이 지나면서 느낀다. 그때의 나를 쿠욱 찔러 수면 위로 올렸던 사람, 가장 인간적인 감정을 다 느끼게 해준 것이 사랑했던 사람이구나. 난 더 이상 누구의 사랑도 부러워하지 않는다. 부러운 순간이 있었던 것일 뿐. 사랑은 유치하고 때론 끔찍하기까지 한 동물적 감정이었다.

동물적인 나의
사랑에 대하여

희로애락으로 사랑의 감정을 표현하는 것은 적절치
않다. 사랑 안에서 난 인간이 동물로서 느낄 수 있는 모든
감정을 울부짖었다. 그 감정 속에서 거품이 벗겨졌고, 서
로의 민낯을 보았다. 울다가 울다가, 내장까지 다 토해낼
만큼 소리를 쳤다. 어떤 날은 오르가슴에 우주가 멈춘 것
같은 느낌이었고, 동네방네 당신이 내 사람임을 자랑하고
싶기도 했다. 또 상대가 숨만 쉬어도 짜증이 밀려오기도
했고, '사랑해'라는 말에 온도가 없어지는 날이 늘었다.

그리스인 조르바는 여든의 노인에게 '오~ 나의 부블
리나'라고 온몸으로 말한다지만, 그에게는 그럴 힘이 없어
보이기도 했다. 그러다가 점심 한 끼 먹으며 신나게 수다
떨다 보면 이 평온함이 사랑이라며 서로를 안심시키는 날
도 있었다. '세상에 이렇게 말이 안 통하는 사람이 있을까?'
우리말을 못 하는 외국인이랑 사는 것 같다가도, 또 어떤

날 함께 여행을 떠나면 세상에서 둘도 없는 연인으로, 친구로 지냈다. 그러다가 삶의 무게가 서로를 짓누르면 또 날카로운 발톱으로 서로를 쿡쿡 찔러댔고, 어느 지점에는 현실 문제 때문에 사랑이 사치처럼 느껴지기도 했다.

결정적인 순간 우리는 서로에게 쌓여 있던 폭탄을 다 꺼내 전투태세에 돌입했고, 더 이상 상대가 서 있을 수 없을 만큼 폭격을 가했다. 이렇게 표출하지 않으면 내가 죽어버릴 것만 같은 전쟁이었고, 또 없으면 살 수 없을 것 같아서 적당한 타협으로 평화협정을 맺었다. 그렇게 반복되는 동물적 감정을 주고받다가 2021년 11월, 우리에게 세 번째 아이가 찾아왔다. 기뻐하는 나와 달리 그는 사라져버렸다. 친구를 만나 술을 먹으러 간다던 그는, 친구와의 약속을 취소하고 어딘가로 숨어버렸다. 하필 그날 밤, 나는 갑자기 배가 아프기 시작해 끙끙 앓았고, 밤새도록 그를 찾았지만 그는 오지 않았다.

다음 날 아침, 그는 흔들리는 자신의 마음을 얘기했고, 아이는 떠났다. 그날 이후 소리 내어 싸운 적은 없다. 자연스레 이별로 향했다. 이 수많은 현실을 나는 더 이상 멋진 단어로 과대 포장 할 수 없다. 아름답게 적을 수 없었다. 아니, 진정한 아름다움이라는 것은 이 민낯 자체일 거다. 누구도 잘 쓸 수 없는 글. 그건 날것의 사랑일 거다. 사랑에 관한 글만큼은 날것이 아니면 적을 수 없다.

우리는
이혼을 했다

우리는 이혼을 했다. 그리고 차마 서류를 제출하지 못해서 결혼 기간이 연장되었다. 왜 이혼하지 못했냐고 묻는다면 이 또한 답하기 참 모호하다. 사랑을 말로 설명하기 어려운 것처럼, 그 사유를 적어내자면 과대 포장이고 분리수거 할 게 많은 택배 상자 같은 것들이다. 받을 때는 기분 좋지만, 버리러 가면 참 쓸모없다고 생각되는 그런.

그는 그때 미쳐 있었다. 지쳐 있었고 책임감 없는 그의 모습에 분노했지만, 그것도 잠깐이었다. 늘 이혼을 하고 싶어 한 것은 나였다. 그래서 나는 그를 미워할 수조차 없었다. 그와 나는 스물다섯 살에 만났다. 20대에 나의 안목으로 선택한 남자. 그때는 맞았다. 30대에는 틀렸다. 30대의 나에게는 다른 사람이 필요했다.

사랑이 변하는 것, 이는 누구의 잘못도 아니다. 우리가 사랑하지 않았던 것도, 당신이 죽을죄를 지은 것도 아니다. 그저 서로에게 지쳤을 뿐이다. 그 순간 툭툭 튀어나오던, 서로가 자기 자신을 지키려 발휘되는 방어기제들이 자연스레 우리를 이별의 장소로 이끌었다. 법원에서 판사는 마지막으로 물었다. "진심으로 이혼을 원하시나요?"

우리 둘 모두 한참을 망설이다가 "네"라고 대답했다. 그러나 나는 속으로 '아직은요'라고 답했던 것만 같다. 그 조정 기간에 생긴 일들이다. 이혼은 서류만 제출한다고 이뤄지는 게 아니다. 이혼율을 낮추려는 국가의 정책인지, 꽤 복잡하다. 법원에 가서 소장을 제출하고, 조정 기간을 가진 뒤, 판사의 판결을 받고, 이를 동사무소에 제출해야만 비로소 이혼이 성립된다. 아무리 합의이혼이라도 이 과정에서 우리는 끊임없이 '선택'을 해야 했다.

두 달 남짓한 그 기간에 남편은 아무도 만나지 않았다. 집에 홀로 있었다. 함께 일을 하다 보니, 자연스레 일에서 물러났고 잠깐 쉬고 싶다고 했다. 그러나 시간이 지날수록 그의 뒷모습은 버림받은 아이 같았다. 그제야 세상에 태어나 내가 받았던 현실적 사랑을 보았다. 세상에 태어났을 때 발가벗고 아무것도 할 수 없었던 나. 그저 매일 응애응애 울기만 하던 나를 안고 세상을 다 얻은 것 같은 행복에 빠졌던 엄마, 그저 딸이라는 이유로 모든 것을 내어주던 엄마가 생각났다. 그것이 사랑이었다.

그와 내가 이혼을 하기 전까지 총 9년이란 시간 동안

우리가 한 것은 사랑이 아니라 환상이었음을 알게 된 날은, 엄마 마음이 되어 초라한 그의 어깨를 꼬옥 안아주고 싶었다.

두 엄마의
사랑법

얼마 전 나는 그에게 물었다. "당신은 나랑 헤어지는 걸을 왜 그리 극도로 두려워했어?" 두려움이라는 단어가 옳다. 막상 그는 나와 헤어지는 것을 극도로 두려워했다. 그때 다가온 답변이 나를 아프게 했다.

"있잖아. 난 가족이 있지만, '사랑받는다'는 느낌이 무엇인지 모르고 컸던 것 같아. 당신이 사랑을 해달라고 했을 때 나는 충분히 해준다고 생각했어. 하지만 내 마음에는 줄 수 있는 게 없었던 것 같아. 그러나 돌아보면, 당신을 만나 정말 큰 사랑을 받았어. 그래서 이것들이 다 사라져 버렸을 때 내가 사라질 것만 같았어. 그게 두려웠어."

이것이 갈등의 원인이었다. 우리 둘은 달랐다. 신혼 초반에는 이유를 몰랐다. 그냥 대화가 안 통하는 사람이었다. 가장 잘 통하는 줄 알았지만, 가장 통하지 않는 사람. 그러나 시간이 지날수록 모든 원인이 우리가 처음 경험한

'사랑'에서 시작되었음을 얼핏 짐작하고 있었다. 어떤 날에는 그의 엄마가 너무 미워질 만큼, 때로는 내 엄마가 너무 보고 싶을 만큼. 우리 둘은 엄마에게 사랑받고 싶어 하던 아이의 마음으로 서로를 바라보고 있었다.

우리는 너무 다른 두 엄마로부터 시작됐다. 그들의 사랑은 지금까지도 너무 달라서, 서로를 극명하게 보여준다. 어떤 사랑이 더 위대하다고는 말할 수 없다. 각자의 사랑법이다. 그러나 달랐다. 너무나 달랐다. 그를 만나기 전까지 난 우리 엄마가 '헌신적 사랑'을 하는지 몰랐다. 늘 자기 주머니가 부족해서 더 주지 못함을 아파했던 엄마라, 나는 늘 부족한 사랑을 받았다고 생각하며 컸다. 하지만 돌아보면 너무 큰 사랑을 받아서 사랑주머니가 너무 늘어나 있었고, 늘어난 위처럼 채워도 채워도 배고픈 아이로 그와 살았던 것이다.

두 엄마는 참 달랐다. 어떤 엄마는 호주머니에 만 원한 장 있는 날, 그 만 원을 다 내어주고도 부족해서 미안하다고 말했다. 또 다른 엄마는 수백만 원이 있어도 경제관념을 키워주기 위해 500원만 주고, 이 또한 감사하며 아껴 써야 한다고 가르쳤다. 어떤 엄마는 심장병으로 다음 날 중환자실에 실려 가기 전까지도 딸내미 집 청소, 밥, 사위 옷까지 다 챙겨준 후 티 내지 않고 돌아갔다. 또 다른 엄마는 태초부터 본인 몸이 약해 아무것도 해줄 수 없어서 자신의 건강이 삶의 1순위인 삶을 살아야 했다.

어떤 엄마는 너무 가난해서 물려줄 수 있는 게 복밖에 없었다. 보이지 않는 곳에서 쌓은 복들이 내 자식들에게 돌아갈 거라며 보이지 않는 곳에서 복을 쌓았다. 또 다른 엄마는 모으고 또 모았다. 내가 겪었던 가난을 느끼게 하지 않는 게 사랑이라. 어떤 엄마는 딸에게 지혜로운 친구가 되어주는 게 평생소원이라, 어떤 일이 있든 누구의 편을 들지 않고 지혜롭게 대화해 주는 인생의 스승이었다. 또 다른 엄마는 무슨 일이 생겨도 연락하지 않는 것이 자식을 도와주는 것이라고 생각하며 기도로 매일 밤을 지새우며 홀로 끙끙 앓았다. 전자는 우리 엄마, 후자는 그의 엄마였다. 너무나 다른 두 엄마는 너무나 다를 수밖에 없는 우리 둘을 만들었다. 그것이 갈등의 시작이었다.

엄마가
보고 싶은 날

함께 살면서 늘 이혼을 준비한 것은 나였다. 나는 늘 불만투성이였다. 그는 있는 힘껏 사랑한다고 했지만 나는 사랑받지 못한다는 생각에 슬퍼했다. 그 감정은 엄마와 함께 보내고 나면 더 심해져 갔다. 한번은 엄마와 열흘간 붙어 있다가 집으로 돌아왔는데, 엉엉 눈물이 났다.

그곳에서는 머리끝부터 발끝까지 나를 지켜봐 주는 엄마가 있었다. 날마다 내가 좋아하는 음식을 만들어주고, 그것이 기쁨인 사람. 내 이야기를 다 들어주고 나보다 더 큰 생각으로 지혜롭게 나아가게 해주는 사람. 늘 내 동선을 살피며 하나라도 불편함 없이 있다 갈 수 있게 해줬던 엄마. 무엇보다 슬퍼하는 나를 끌어안고 더 많이 아파했던 사람. 그러나 집에는 그 사랑이 없었다.

그는 내가 이해되지 않았다. 해달라는 것을 다 해주고, 또 해주는데도 늘 부족하다고 얘기하는 내 앞에서 그는 하루하루 초라해져 갔다. 어느 날은 그런 얘기를 한 적이 있다. 네가 너무 큰 사람이라서 본인같이 평범한 남자는 도저히 감당할 수가 없다고. 영혼의 레벨이 있다면 너는 저 5단계 끝에 있는 것 같은데, 나는 이번 생이 처음인 사람이라 도저히 따라갈 수가 없다고. 그리고 이것이 그가 나를 떠나겠다는 결심을 한 계기였다. 아무리 노력하고 또 노력해도 채워지지 않는 내 마음에 그는 병들었다. 채워지지 않는 그 사랑의 간격이 부모에게서 시작되었다는 것을 우리는 9년 동안 치른 수백 번의 전투를 통해 알게 되었다.

이혼 파티를
해보면 어때?

당시 남편이 먼저 제안했다. '이혼 파티'를 하자고. 그 대신 우리에게 주어진 조정 기간에는 최선을 다함으로써 다음 사랑이 찾아왔을 때 같은 실수를 반복하고 싶지 않다는 얘기를 건넸다. 그 얘기가 꽤 수긍되었다. 나는 알고 있었다. 이것은 그와의 문제가 아니라 그동안 내가 학습한 사랑의 문제라는 것을. 어쩌면 엄마, 아빠로부터 할아버지, 할머니 또 그들의 엄마, 아빠로부터 시작된 얽힌 감정들에서 생겨난 문제들임을. 꼬인 실타래를 풀어내기 위해 우리는 교환일기를 적어나갔다.

대화가 되지 않아서 시작한 글들이었는지도 모른다. 적고 나니 어느새 책 한 권이 다 되어갈 만큼이었고 그 글들을 통해 우리는 서로의 마음을 다시 알아보기 시작했다. 이 노트 안에서 우리는 점점 더 솔직해졌다. 그때 우리의 글은 서로를 향한 것이 아니라, 어쩌면 자기 자신의 마음을 알아주기 위한 영혼의 편지였다. 우리가 바란 것은 엄마의 품이었다. 태어나 아무것도 할 수 없어도 똥 기저귀까지 예쁘다고 했던 엄마의 사랑. 그 태초의 사랑을 그리워하던 너무 작은 인간이었다.

어쩌면 우리 둘은 그 사랑을 달라며 그렇게 발악하고 절규하다가 숨어버리고, 삐지고, 아파했던 게 아니었을까. 엄마, 엄마 외치며 나 좀 봐달라고 아파하던 어린아이 둘. 윤소정과 신동일이 보였다. 우리 사랑은 너무나 어렸다. 엄마를 찾고 있는지도 몰랐고, 어떻게 사랑을 줘야 하는지도 몰랐다. 환상과 거품이 거둬진 자리에는 발가벗은 서로가 있었다. 목욕탕에서 사람들의 몸을 보면 생각보다 울퉁불퉁하다. 만화처럼 매끈함이 없고 뱃살, 허벅지의 셀룰라이트, 깡마름, 군데군데 난 털들이 리얼이다. 그러나 그것들이 모두 사랑스럽게 보이는 순간 나의 그도 사랑스럽게 보이는 것, 그게 사랑이었다.

그는 나와 다시 살고 싶다는 의지가 강렬해질수록, 핸드폰에 내 사진을 담기 시작했다. 그 사진에는 필터도 없고, 친구가 찍었다면 화가 날 만큼 리얼한 내가 담겨 있다. 하루에 한 번은 그 사진을 보며 혼자 킥킥 웃는데, 그 모습이 싫지 않다. 똥 기저귀도 예쁘다고 하던 엄마처럼, 미약하고 부족한 누군가를 사랑스럽게 바라보는 그 사람의 마음에 이제야 사랑이 생겨난 듯하다.

분수에 맞는
사랑에 대하여

　　분수에 맞는 사랑. 마트에 가서 피곤하지 않게 장을 보
는 방법은 지금 우리 집에 필요한 물건의 리스트를 정확히
적어 가는 거다. 뭐가 필요한지 모르고 장에 가면, 삥삥 돌
다가 온통 '원하는 것'이라서 다 사지도 못하고 지쳐 돌아
오게 된다. 사랑도 마찬가지다. 원하는 것은 전부일 수 있
지만, 가장 필요로 하는 것이 무엇인지를 아는 것. 그건 현
명한 사랑이 되어주었다.
　　내가 원하는 것 이전에 필요로 하는 것이 무엇인지 아
는 사람은 편하다. 사랑도 그렇다. 30대가 시작되고, 나는
그에게서 미친 듯이 벗어나고 싶었다. 그의 품이 좋다가도
낮이 되면 변덕이 들끓었다. 그에게는 말하지 못했지만 나
는 늘 갈등했다. 그때의 고민은 이랬다. 나는 그를 스물다
섯 살에 만났다. 공기청정기 하나를 사더라도 이것저것 비
교해 보고 살 텐데, 그때의 나는 비교군에 대한 안목이 없

었다. 그저 내 외로움을 채워주는 사람, 그것만으로 충분했다. 30대가 되니 나에게 필요한 사람은 다른 사람이었다. 더 깊은 대화를 하고 싶었고, 더 넓은 세상을 보고 싶었다. 나와 유치한 감정싸움을 하면서 내 앞을 가로막는 저 사람이 아니라. 물론 그를 너무 사랑했다. 좋았다. 그와 있는 게 편했다. 그러나 한편으로는 늘 새로운 세상에 대한 동경을 내려놓지 못했다.

그를 떠나 멀리 유학을 가고 싶기도 하다가, 수많은 CEO를 보며 이런 남자들을 만나고 싶기도 하다가, '그때 어른들 말을 들었더라면' 하고 후회하기도 했다. 네 일을 조금 더 해두고 나면 정말 멋진 남자가 줄 서 있을 거라는 누군가의 얘기들이 살면서 꽤 거슬렸다. 보는 수준이 높아질수록 원하는 것은 커져만 갔고, 그러다 보니 마음이 붕 떠버렸을 것이다. 그러나 그건 인간이라면 누구나 할 수 있는 상상 정도다. 정작 채워지지 않는 사람들이 새로운 사람에 대한 갈증으로 나를 더 몰아세웠을 것이다.

그는 매사에 애썼다. 그러나 난 그 애씀이 싫었다. 내가 이혼을 하겠다고 했을 때, 우리 집 가족들은 '너무나 당연한 결과'라는 반응이었다. 그가 늘 지쳐 보였기 때문이다. 나에게 무언가 해주는 것이 즐겁지 않았다는 걸 가족들은 알고 있었다. 내 눈치를 보면서 해주기는 하지만, 그 안에는 영혼도 감정도 없었다.

그는 왜
이혼하지 못했을까?

철저히 내 입장이다. 그는 나를 떠나보내고 나면 잘 살아가겠지만, 재미있게 살지는 미지수인 사람이다. 하고 싶은 것이 없는 사람이 될 테니까. 내가 겪어본 그는 무색무취의 인간이다. 한번은 그가 혼자 여행을 하고 싶단다. 그래서 파리에 갔다. 그러나 온종일 앓느라 결국 아무것도 하지 못하고 왔다. 그는 나와 헤어지기 전까지 자신의 거품을 몰랐다. 물론 이는 나도 마찬가지긴 하다. 혼자서는 시작하기 힘든 자신에 대하여.

얼마 전 그와 함께 일했던 최재웅 대표님은 '신동일 씨는 내가 만난 이들 중에 가장 타고난 CEO(경영의 신)'라고 표현했다. 그의 문제 해결 능력은 정말 탁월하다. 그러나 진짜 문제는 문제를 만들어주는 사람이 있어야 그 문제 해결력을 써먹을 수 있다는 사실이었다. 우리 둘은 여행을 가도 거의 내가 꽂힌 곳으로 갈 뿐, 그는 하고 싶은 게 없었다. 너무 오래 함께하다 보면 내가 했던 일과 타인이 해준 일을 구분하지 못한다. 그러면서 뭐든 혼자 할 수 있다고 생각하지만, 누군가가 사라지고 나면 더 명확히 남겨진 내가 보인다. 나와 헤어졌던 기간, 그는 잠시 다른 회사에 가서 경영을 맡았다. 그러나 그곳에는 나보다 더 고약한 대표가 있었고, 우리 팀원들만큼 좋은 사람이 없다는 걸 알게 됐다고 한다.

일뿐이었을까? 내가 골라준 옷, 내가 꾸며둔 집, 아침을 먹는 방법, 잠을 자는 법 등 그는 나의 모든 것에 동화되어 있었다. 이혼을 하려고 했을 때는 모든 것이 내 중심으로 돌아가는 것이 싫었지만, 반대로 이혼을 하려고 보니 그는 스스로 그것이 엄청나게 감사한 일임을 알게 되었다.

나는 왜

이혼하지 못했을까?

내 안에서는 늘 대담한 나 자신과 소심한 나 자신이 끊임없이 싸운다. 그 소리에 종종 스스로 지쳐버릴 만큼. 이혼에 대한 결정도 그랬다. 이혼을 결정한 뒤에, 나는 일에만 미쳐 경영자로서 더 담대하게 세계 무대로 나아가고 싶었다. 그러나 그 결단이 쉽게 내려지지 않았다. 매일 흔들렸고 이도 저도 안 되는 상황을 만들었다.

그와 결혼한 뒤에 나는 내 능력의 절반도 못 쓰고 산다는 생각, 내 날개가 꺾였다는 생각을 참 많이 하며 살았다. 무엇보다 함께 오래 일하다 보니 감정이 늘 대립했고, 싸우기 싫어하는 비겁한 마음에 대립 자체를 피해버리기 일쑤였다.

이 글은 철저히 나 혼자 써야 한다. 고독하고, 또 고독할수록 영혼의 소리가 들린다. 경영도 마찬가지. 리더의 카리스마는 고독에 비례한다는 말이 있을 만큼 누군가에게 의존하는 마음을 버리고 독립적으로 나아갈 때, 그때 사업은 큰다. 그와의 이혼을 결정했을 때, 그저 나는 그 길을 가겠다고 마음먹었다. 그러나 그의 품이 너무 좋았다. 어린 아이처럼 매일 엉엉 울며 이렇게 소리치곤 했다. "도대체 무슨 부귀영화를 누리겠다고 그렇게 열심히 살아야 하는데! 그냥 나 좀 사랑받으며 평범하게 살면 안 돼?"

돌아보면, 벌써 사업 16년 차다. 16년간 매달 말일 누군가의 월급을 책임져야 하는 사장의 삶이 지치지 않았다면 거짓말이다. 크고 작은 위기들이 닥쳐 도산이 일상이 되다시피 한 현실에서 월급을 밀리지 않고 주려면 꽤 오랜 시간 심장을 뭉개야 했다. 무엇을 그렇게 이루고 싶었던 것일까? 그저 내가 원한 삶은 밤마다 당신 품에 안겨 사는 것일 수 있는데. 그렇게 열심히 이뤄서 내가 얻고자 한 것은 결국 가족의 품이었는데.

내가 헤어지지 못한 이유는 밤마다 안아주는 그의 품이 좋아서였다. 아무리 생각해 봐도 그 이상의 답변은 없다. 어린 날에 가족이 없어진 나에게는 가족 같은 친구, 가족 같은 팀, 늘 가족 같은…. 그 절대적인 사랑이 있는 공간이 아킬레스건이었던 것이다. 그래서 이혼을 포기했다. 아직 나에게는 맞지 않았다. 내게 필요한 것은 부귀영화를 누리게 해주는 누군가가 아니라, 자유롭게 떠나는 세상이 아니라, 그저 당신의 품이었다.

우리가 한창 티격태격할 때, 엄마는 미리 경고했다. 감사함이 사라지는 순간, 네가 가진 모든 것이 사라질 수 있으니 정신 차리라고. 그때 우리는 어리고 또 어려서 몰랐다. 스스로 만들어낸 자기 자신에 대한 환상으로 밑바닥의 내가 살 수 있는 삶, 그리고 일상 속 행복이 무엇인지 모르고 그저 열심히만 살았다. 이제는 안다. 감사함이 사라지고 내 안에 허영이 끼는 순간에는 생각보다 많은 것을 잃어버린다. 그러고 나서 보이는 것은 그저 '하루'다.

어마어마해 보이는 것들이 사라지고 나면, 일상이 보인다. 커피포트에 물을 올려 끓여 먹는 드립커피, 라디오에서 흘러나오는 잔잔한 음악, 조잘거리는 배우자의 음성, 베이글에 발라 먹는 잼, 운동할 수 있는 헬스장. 햇살도 바람도 공기도 사랑스럽다. 우리는 사랑을 잃어버림과 동시에 감사함을 잃고 있었다. 그래서 정말 모든 것을 잃어버렸고, 그제야 서로의 민낯, 진짜 삶에 필요한 것이 보였다. 그저 그대의 손길, 따스한 말 한마디…. 요새는 매일 아침 우리 둘이 함께 명상을 한다. 또 다시 일상의 감사함을 잃어버리게 될까 두려워서.

그대의 음성에
온도가 생겼다

그때는 자기도 몰랐다고 했다. 사랑한다는 말에 온도 감이 없다는 말의 뜻을, 그대가 해주는 모든 것에 묻어 있는 그 귀찮음의 흔적들을. 온도가 생겼다. 그 온도감은 자발성에서 시작되었다. 스스로 기꺼이 해주고 싶은 마음. 해야 할 것만 같아서 했던 일들이, 그대가 원해서 해주는 것들이 되면서 많은 것이 따스해졌다.

사랑에 가장 어울리는 동사가 있다면 그것은 '겪는다'가 아닐까? 그래서 조언자가 필요 없었다. 어린 사랑에서 한 단계 나아가게 한 것들은 결국은 수많은 감정을 오롯이 겪어낸 그 시간이었다. 요새는 다른 사람과 살고 있는 것 같다는 기분이 든다. 그럼에도 내 가슴에는 너무 많은 상처가, 그의 가슴에는 미안함이 남겨져 있다. 지워지지 않는다는 것을 알기에 더 좋은 기억을 쌓으려 한다.

타로를 공부하다 보면 '미련'을 상징하는 3개의 카드가 나온다. 세 카드의 공통점은 지금 내가 가진 것을 보지 않고 다른 곳을 바라본다는 것이다. 칼을 많이 가지고 있어도 뒤를 돌아보는 것. 아직 남아 있는 물잔 2개가 있어도 쏟아진 3개의 물잔을 보는 것, 바로 눈앞의 따뜻한 교회 안에 들어가면 쉴 수 있지만 밖에서 힘들어하는 것. 미련을 상징하는 오래된 모습들 안에 내가 없기를 바란다. 얼마 전 엄마는 내게 "벌써 9년이나 살았네. 작년 한 해 그렇게 속 썩었다고 생각했는데 돌아보니 엄마, 아빠가 살았던 시간만큼 산 거구나. 너희 둘이 우리보다 더 오랜 시간 같이 붙어 있으니 그걸 보면 문제없이 잘 산 것 같구나"라고 하셨다.

그럼에도 우리는 사랑을 한다

사랑 노래의 결말은 그럼에도 다시 누군가를 만나 사랑하거나, 늘 사랑받기를 원한다는 것이다. 아기라는 이유만으로 아무것도 하지 못해도 사랑받던 그 시절의 순수한 마음을 늘 동경한다는 것이다. 아무리 센 척을 하더라도, 자신이 사랑하는 것 앞에서는 한없이 유치해지는 인간. 불안하고 미련하고 유치하기 짝이 없던 그 인간이기 때문에 누릴 수 있는 그 감정. 사랑은 내 안에 있는 그 오물 같은 감정들을 다 헤집어둔다. 동물 같은 감정, 사랑. 아프다고, 슬프다고, 다시는 안 하겠다고 하면서 또다시 무언가와 사랑에 빠진다. 그것이 연인이건, 일이건, 취미건, 여행이건 또 징글징글한 사랑을 한다.

얼마 전 엄마 친구 남편분이 돌아가셨다. 생전에 아주머니를 꽤 아프게 했다고 한다. 힘들게 한 날도 정말 많았다. 난 당연히 시간이 지나면 잊히리라고 생각했다. 그러나 3년이 되는 지금까지도 아주머니는 매일 남편이 보고 싶다고 눈물을 흘린다. 그런 아주머니를 보고 엄마는 사랑이라는 게 옛말에 '죽을 사, 신랑 랑'으로 만들어진 글자라는 유래가 있다는 이야기를 했다. 죽은 신랑을 그리워하는 데서 시작된 마음이라고, 죽은 부모를 그리워하는 데서 시작된 마음이라고. 아주머니는 말했다. 아무리 미운 짓을 많이 해도, 밥 차려주고 빨래해 주면서 그를 통해서 내가 살아 있었다는 생각이 들었다고. 그가 떠나고 나니 누구도 내가 여기에 있음을 알아줄 리 없고, 내 손길을 필요로 하는 이가 없다고. 그랬다. 그는 미우나 고우나 현실 속 찰나의 나로서 존재하게 하는 내 사랑이었다.

나는
어떤 엄마일까?

엄마가 되었다. 그러나 나비가 '알'이었을 때는 자신의
날개 빛을 알 수 없듯이, 유충이 되고 번데기가 되고 한참
시간이 흐른 후에야 색을 가질 수 있듯이, 내가 어떤 엄마
인지 아직 잘 모르겠다. 그저 되어가고 있다.

한 친구는 물었다.
"선생님 기억나세요? 예전 수업 시간에 스스로 어떤
엄마가 될지 기대된다고 하셨는데….."
"내가 그랬어? 하하."
"그래서 어떤 엄마가 된 것 같으세요?"
"나? 그냥…. 초보 엄마."

승호는 기억하고 있었다. 그때의 나는 나 스스로가 멋
진 엄마가 되리라고 꽤 기대하고 있었나 보다. 그러나 진

짜 엄마가 되어보니, 난 그저 초보 엄마였다. 출산 후 집으로 돌아왔을 때, 재현 오빠가 과일바구니 하나를 보내왔다. '초보 엄마 윤소정'을 응원한다는 문구를 담아. 순간, 엄마라는 단어보다 '초보'라는 글자가 먼저 들어와 안도감에 눈물이 핑 돌았다. 초보, 그 두 글자가 나의 긴장감을 다독였다.

8년 전, 운전을 처음 배우던 날이 생각난다. 남편은 중고차를 주며 프러포즈를 했다. '여기 부서지고, 저기 부서져도 괜찮으니 운전은 실전'이라며 겁먹은 나를 도로로 끌고 갔다. 운전 연수 선생님을 붙여 맹훈련을 받았으나 홀로 운전을 하니 어김없이 사고가 났다. 언덕길에서 후진 기어로 액셀을 밟아 뒤 범퍼를 날렸고, 직진 차로에서 좌회전을 해서 앞 범퍼를 날렸다. 차는 점점 멀쩡한 곳 없이 다 박살났지만 그 시간이 있었기에 지금까지 무사고로 9년간 운전 잘하고 다녔다. 차 뒤 창문에서 '초보운전' 딱지를 떼기 전까지. 참 모든 게 어설프다. 그러나 모든 사람은 그 초보의 시간을 거쳐, 운전을 한다. 그때는 어깨에 긴장이 잔뜩 들어가 다시 못 할 것 같지만, 결국은 해내게 될 초보의 시간. 나는 그런 초보의 시간, 그중에서도 엄마 파트에 있다.

아이를 안는 법도 서툴고, 기저귀도 잘못 채워 똥 세례를 받기도 한다. 먹여야 하는 양보다 너무 많이 먹여 아이가 배앓이를 해서 종일 울기도 한다. 서툰 엄마 때문에 우

리 아가 고생이 많다. 그러나 모든 엄마가 초보에서부터
시작한다. 그때의 내 엄마도 서툰 이 시간을 거쳐 갔다. 그
냥, 그 사실이 날 안심하게 했다.

시작부터 엄마처럼 지혜로운 엄마가 될 것도,
오은영 박사님처럼 전문가가 될 것도 없었다.
그냥 나는 복이와 함께 세월을 살아가며
초보 엄마에서 복이 엄마로 가는
그 시간 위에 있다.

비와 김태희의
육아

"비랑 김태희도 육아는 직접 하나요?"

"당연하죠. 사람 사는 것 다 똑같아요. 그들도 매일 밤 애들 둘러업고 낑낑거려요."

내 친구 회도쌤(타로마스터)의 질문이 우스꽝스러워 보였다. 한창 육아에 지쳐 있던 친구는 우연히 월드 스타 비의 매니저를 만났다며, 비와 김태희도 육아에 대한 질문을 하고, 그들도 자기처럼 쩔쩔매는 건 똑같다며 매우 기뻐했다. '뭐 저런 당연한 질문을 하지?' 그때의 난 이해할 수 없었다. 그러나 산후조리를 하는 한 달 내내 그의 우스꽝스러운 질문이 불쑥불쑥 떠오른다. 김태희도, 박지성도, 결국은 김연아도 피해 갈 수 없는 시간, 모두가 공평해지는 시간에 내가 있다.

100평 사는 사람도, 10평 사는 사람도 아이가 울면 손목이 나가도록 밤새 흔드는 건 똑같고 서울대 나온 사람도, 중학교도 졸업 못 한 사람도 아이가 왜 그렇게 얼굴이 시뻘게질 때까지 우는지 해석할 수 없는 건 똑같다. 그대의 아이에 비해 내 아이가 그리 월등할 것도, 옆집 엄마에 비해 내가 그리 지혜로울 것도 없다.

　45킬로그램의 엄마도 75킬로그램의 엄마도 젖가슴 풀어 헤치고, 2시간에 한 번씩 아이에게 젖을 빨게 하는 원초적인 시간 앞에서 나는 겸손해졌다. 아이가 태어나고 나서야 나는 진정 '겸손'의 의미를 알아간다.

겸손

출산하고 돌아온 딸에게 엄마는 한 상 차려주며 이렇게 말했다.

"네 아이 귀하니?"

"귀하지! 너무 예쁘잖아."

"네 아이가 귀하듯 세상 모든 사람이 귀해 보일 때, 그때 진짜 엄마가 되더라."

엄마가 된 딸에게, 엄마는
진짜 엄마가 되는 순간을 일러주었다.
그녀도 진짜 엄마가 된 지
얼마 안 되었다는 말을 덧붙이며.

출산하고 처음 집에 온 날, 잠든 아이를 안고 펑펑 울었다. 너무 예뻐서. 1시간 동안 뚝뚝 떨어지는 감정을 주워

담을 수 없었다. 내 아이가 너무 작고, 귀엽고, 소중해서.

처음에는 내 엄마가 보였다. 잠든 복이의 보드라운 손을 만질 때마다, 35년 전 내 손을 만지작거리며 세상을 다 얻은 것 같은 미소를 지었을 엄마를 만났다. 복이를 가슴팍에 안을 때마다 나를 품에 끼고 동동거렸을 그녀를 느꼈다. 나는 잊고 있었지만, 그녀는 기억하고 있던 그 시간을 만났다.

그러다가 시어머니 목소리가 들렸다. 내가 아들의 이름을 부를 때마다, "아이고, 예쁜 우리 동일이" 하며 입이 닳도록 '오야오야' 했을 시어머니를 만났다. 복이의 똥 기저귀를 갈 때쯤에는 우리 팀원들의 어머님들을 보았다. '똥도 예쁜 내 새끼'라며 엉덩이를 두들겼을 그들의 손길이 아파서 그날은 펑펑 울었다. 그렇게 매일 쏟아냈다. 너무 예뻐서, 너무 소중해서, 귀해서.

그랬다. 나는 지금처럼 사람을 귀하게 바라본 적이 없었다. 내 영혼이 특별한 만큼 그대의 영혼도 특별하다는 것을 머리로는 알았지만, 느끼지는 못하고 살았나 보다. 너무 미워했던 아빠에게도 엄마가 있다는 것을. 어린 아빠를 부여잡고 보냈을 그녀의 시간을 헤아리지 못했다.

찜질방에 가면 아줌마들은 서로 모여 자식 자랑하기에 바쁘다. 뼈 빠지게 일해 모은 전 재산을 사업 자금으로 빌려줬더니 쫄딱 망해버린 아들. 그러나 그 아들이 5만 원짜리 밥을 사줬다고 천하의 효자 난 것처럼 얘기하던 그 아줌마를 난 이해할 수 없었다. 더 정확히는 모자라다고 생각했던 것 같다. 그렇게 오만했다. 귀한 마음을 헤아리지 못했던 거다. 성공한 삶이라는 게 멋진 집, 차, 직업, 넉넉한 통장 잔고에 있는 줄만 알고 살았나 보다. 내 배에서 나온 이 소중한 존재를 바라보는 눈빛, 그리고 그를 키워내는 과정이 얼마나 귀한 것인지 몰랐다.

어쩌면 그래서 더 아이를 낳고 싶지 않았는지 모른다. 만약 누군가가 내게 육아에 대한 어려움 말고 그를 통해 얻을 수 있는 이 행복감을 조금만 더 미세하게 설명해 줬다면 나는 더 일찍 행복해졌을 텐데. 삶을 진하게 느끼며 살았을 텐데. 내 자식, 참 귀하다. 아이를 바라보면 웃음이 절로 난다. 엄마가 나를 이렇게 귀하게 생각했다는 걸 알았다면, 나는 매일 가슴 펴고 걸었을 거다. 누군가의 눈을 피하지 않았을 거다. 매일 아침을 싱글벙글 웃으며 시작했을 거다. 겸손해질 수밖에 없었다. 내 품에 아이를 안는 순간, 세상 모든 엄마의 품의 크기를 느꼈다. 그 마음에는 더 잘난 것도, 특별한 것도 없어서. 너와 나, 우리 모두 똑같이 귀하다는 것을 알아버려 절로 고개가 숙여졌다. 절로 겸손해졌다.

우리 엄마에게 내가 너무 귀해서.

너의 엄마에게 네가 너무 귀해서.

나에게 우리 복이가 너무 귀해서.

"복아. 오늘 밤 엄마는 너를 안고 펑펑 회개의 눈물을 흘렸다. 만약 누군가가 나에게 아이가 주는 행복을 미세하게 미리 얘기해 주었다면 엄마는 조금 더 빨리 평안을 찾았을 텐데, 널 만났을 텐데 싶을 만큼. 네가 내게 준 행복은 말로 표현할 수 없을 만큼 깊더구나. 몸이 너무 힘들어도 씩 웃는 네 얼굴 한번 보면 온몸에 에너지가 솟아나는 건, 마치 당대 최고 연예인과 연애하는 기분이라고나 할까.

그냥 예쁜 우리 아가. 내 아가. 그러면서 네 안의 나를 본다. 35년 전쯤 어느 날, 나를 안고 기뻐했을 우리 엄마를 본다. 눈에 눈물이 한가득 고였다. 내 영혼이 치유되는 기분이었다. 난 잊고 살았거든. 내가 이렇게 귀한 존재인지. 너로 인해 다시 알게 되었어. 나는 손도 예쁘고, 발도 예쁘고, 웃는 것도 예쁘고, 방귀 소리도, 똥 한 덩어리도 사랑스러운 사람이었다는 걸. 네가 다시 열어줬어. 나의 귀한 세상을. 고마워, 나의 복아."

아빠가 또
사고를 쳤다

'또'라는 단어가 따라다닌 지 벌써 20년째. 이번엔 상황이 심각했다. 그러나 마음은 심각하지 않았다. 그가 취업을 했다. 성치 않은 몸으로 다시 택시 운전을 시작한 거다. 여전히 나는 이해되지 않는다. 10분도 걷지 못하는 환자를 채용한 그 택시 회사 시스템이. 결국 일이 벌어졌다. 사람을 쳤다.

"내 인생 최대 위기가 찾아온 것 같아…." 손을 벌벌 떨며 사고를 고백하는 아빠 앞에서 나는 어떻게 반응해야 할까? 심지어 그의 생일에 말이다. 콧물까지 흘리며 두려워하는 아빠 앞에서 나는 어떤 표정을 지어야 할까?

상황은 이랬다. 내년 4월 남동생이 결혼을 한다. 윤재형의 아들, 아빠에게 끔찍하게 잘했던 아들, 딸과는 달랐던 아들. 그런 아들이 결혼하는 날 단돈 100만 원이라도 쥐여주고 싶다는 아빠 마음이었다. 평소 아들은 장난 반, 농

담 반으로 이런 얘기를 하곤 했다.

"아빠, 꼭 다음 생에는 내 자식으로 태어나. 알았지?
다른 부모 밑에 태어나서 또 버림받지 말고, 나 잘 찾아와.
누나 또 찾아가서 괴롭히지 말고, 내 자식으로 태어나. 알
았지?"

그 말 깊숙한 곳에는 병든 아빠를 끝까지 버리지 않겠
다는 마음이 있었다. 그런 아들이 결혼을 한다. 심지어 혼
전임신으로 본 손주가 곧 돌이라는데, 돌반지 하나도 해줄
수 없는 자신의 신세가 아팠을 거다. 수천 번 고민했을 거
다. 돈 때문에 일하는 거면 딸이 챙겨주겠다고 해도 입을
꾹 다물었다. 아빠가 원한 건 딸의 돈이 아니었다. 아빠의
돈, 아빠가 아들에게 주고 싶은 아빠의 돈이었다. 그렇게
다시 아빠의 돈을 벌러 운전대를 잡은 뒤 일어난 일이다.

그는 24시간도 되지 않아 세 건의 사고를 쳤다. 레인지
로버, 모하비, 그리고 사람을 쳤다. 이 모든 일이 일어난 건
심지어 그의 생일. 참 영화 같은 일이다. 그날따라 이상했
다. 나의 편지에 갑자기 눈물을 흘리고, 며느리가 준비해
준 케이크에 적힌 '할아버지 생신 축하드려요. 도윤, 윤복'
이라는 평범한 문구에 콧물까지 흘렸다. 아빠가 감수성이
풍부해진 줄 알았다. 그러나 잠시 뒤 형사에게 전화가 왔
고, 가족 모두에게 그는 자신이 친 사고를 고백할 수밖에
없었다. 아들은 화가 잔뜩 나 소리를 질렀고, 나는 어떤 표

정을 지었을까? 사진을 찍어두진 못했다. 하지만 그의 손을 보았다. 덜덜 떨고 있었다. 손만큼 떨리는 음성으로 그가 던진 메시지에…, 아무 말도 할 수 없었다.

"내 나이가 예순두 살이잖아. 아직 젊어. 마지막으로, 정말 마지막으로 직업인으로 살고 싶었어…. 그런데 이제는 정말 안 될 것 같네. 그래…. 안 될 것 같네."

생각지도 못한 단어였다. 직.업.인. 그 세 글자 앞에서, 입이 막혔다. 나에게는 당연한 이 글자가, 마지막 소원이 되어버린 한 남자 앞에서 나는 차마 화를 낼 수 없었다. 출근하기 참 귀찮다는 생각이 절로 드는 건강한 30대는 이해할 수 없는 60대 아픈 아저씨의 마음. 딸내미가 벌어 오는 돈으로 방구석에 앉아 텔레비전만 보는, 그 무료한 벌레 같은 삶에서 벗어나 직업인이 되고 싶어 몇 달을 고민했을 시간. 1인분 삶을 살아보고 싶었다는 그의 음성이 절규처럼 들려온 순간, 시간이 멈췄다. 합의금부터 벌금까지 머릿속이 복잡했다. 그러나 나의 첫마디는 머리와는 달랐다.

"아빠는…. 아빠는 괜찮아?"

순간, 난 그곳에서 돌아가신 할머니의 얼굴을 보았다. 이 순간, 우리 할머니가 보고 있겠구나. 돌아가신 윤재형의 엄마가 이 모습을 보며 울고 있겠다고 생각했다. 62년 전 오늘 윤재형을 낳고 미역국을 먹었던 할머니. 그 어미 마음이 생각나 나는 그를 품었다. 먼 훗날, 우리 복이가 사고 치고 돌아왔을 때, 그 어떤 사고라도, 세상 사람들 모두 돌을 던져도 어미는, 어미는 온몸으로 그 돌을 막아낼 사람 아니던가…. 내 새끼는 괜찮아? 우리 복이 괜찮아? 하고 덥석 안아버릴 그 마음을 생각하니 가슴이 저며서 아무 말도 할 수 없었다. 그날 내가 품은 것은 아빠가 아니라 아들이었다. 내 자식이 귀하듯 그녀에게도 귀한 아들, 윤재형. 어딘가에서 가슴 치며 울고 있을 그녀의 곡소리가 들려온다.

그날 나에게 찾아온 감정은 화가 아니라 슬픔이었다. 엄마는 아빠가 참 괜찮은 남자였다고 한다. 내가 스마트한 신동일을 사랑한 것만큼, 그 못지않게 스마트하고 번듯했던 남자. 그러나 자기 삶에 찾아온 병과 삶의 문제들 앞에서 속수무책 당하기 시작하더니, 이제는 밥 한 끼 스스로 해 먹을 수 없게 되었다. 회사에 전화해서 블랙박스 요청하는 것도 못 하겠다고 말하는 바보가 되었다. 그가 집으로 돌아간 뒤 난 한참을 울었다. 내 삶이 억울해서가 아니라 바보가 된 그의 삶이 너무 슬퍼서. 슬퍼서 울었다. 더 이상 내 삶이 억울하진 않았다. 그냥 너무 슬펐다. 슬펐다. 오늘은.

여보,

이런 게 행복일까?

　다음 날, 일은 터졌지만 우린 예정대로 복이와 함께 여행을 떠나야 했다. 오래전에 예약해 둔 숙소라서, 해결해야 할 문제는 산더미지만 떠났다. 여행 가는 차 안의 공기는 의외로 평온했다. 평온하다 못해 편히 웃고 있었다. 복이의 웃음은 우리를 리드했고, 꼭 잡은 손이 따뜻했다. 내가 적어내고 싶은 글은 이날의 온도다. 만약 내가 조향사라면 그날의 온도를 향으로 기억하고 싶을 만큼, 내가 작곡가라면 노래 한 곡 지어 평생 들어보고 싶을 만큼, 부족한 글쟁이라 그 마음을 다 옮겨내지 못함이 억울할 만큼 새로운 감정. 단단한 행복이었다.

　참 이상한 일이다. 몇 년 전만 해도 엉엉 울면서 아무것도 못 하고 걱정만 했을 나였다. 경찰서, 피해자, 아빠 연락에 가슴이 찹쌀떡 세 개를 연속으로 먹고 물도 못 마신 것처럼 퍽퍽하고 꽉 막혀 있었을 거다. 복잡한 사건인데, 이렇게까지 평온하다니. 덜덜 떨고 있을 아빠에게 죄책감이 들 만큼 평온했다. 그때, 과거에 나와 함께 일한 친구가 했던 질문이 생각났다.

　"대표님은, 그렇게까지 살면 행복하세요? 무엇을 위해 그렇게 사세요?"

그때의 나는 속 시원히 대답할 수 없었다. 이제는 얘기해 줘야겠다.

"응. 행복하네. 시간이 지나니 행복하네…"

아이를 낳고 나니, 이 단단한 행복이 너무 귀하다. 20대 때, 비슷한 일을 겪은 적이 있다. 남편과 떠난 첫 전국일주. 도중에 전화 한 통을 받았다. 남동생이 사고를 쳤다는 소식. 그때도 차 사고였다. 그는 회사에 취업하자마자 할부로 땡겨 스포티지 한 대를 뽑았고, 두 달도 안 돼서 폐차했다. 심지어 음주 사고라서 보험 적용도 못 받는. 울고 있는 동생, 답답해하는 엄마를 두고 내 여행은 통째로 지옥이 되었다. 웃는 얼굴로 사진은 찍었지만, 결코 웃지 않았던 여행이 생각난다.

그러나 이번엔 더 큰 사고다. 하지만 괜찮았다. 난 더 이상 내 마음을 심각함과 걱정의 세계로 빠뜨리지 않았다. 10년간 산전수전 공중전 다 겪으며 알게 된 것은 '해결할 수 있다는 자신감' 또는 '해결된다는 결괏값'들이었다. 사람을 죽인 것은 아니니까. 작은 접촉 사고니까. 엄마의 표현처럼, 나는 태어날 때 금 동아줄은 없었지만 이 질긴 삶에서 강인한 구명줄이 생겨났나 보다. 나를 단단하게 지켜 준 것은 돈이 아니었다. 내 앞에 펼쳐진 문제를 '해결할 수 있는 과제'로 바라보는 것, 그것이었다. 마인드였다. '흔들리지 않는 편안함'이라는 시몬스의 광고 카피는 이럴 때

흘러나와야 하는 거 아닐까? 이제 알겠다. 행복이라는 이 녀석이 나랑 왜 그리 멀리 있었는지. 그날 나에게 행복하냐고 물어봤던 그녀에게 쉽사리 행복하다고 답하지 못했던 건, 그때의 난 여전히 내 삶에 펼쳐진 문제 앞에서 당황하거나 불안해하고 있었기 때문이다.

한 친구가 그러더라. 불만이 많다는 것은 불안하기 때문이라고. 지난 15년, 아빠로부터 독립해 나의 길을 걸었던 시간. 참 쓸데없이 삶에 대한 책임감을 가지고 지냈다. 내 집안 문제부터 회사, 동료들에 대한 책임 의식까지. 그렇게 했는데도 내 손에 남은 건 아무것도 없는 것 같았는데, 아니었다. 이 단단한 행복, 누구도 빼앗아 갈 수 없는 그것이 내게 있었다.

복이는 이번 여행 내내 정말 환히 웃었다. 마치 엄마 윤소정과 아빠 신동일이 두 사람의 삶의 문제를 스스로 해결할 수 있다고 믿고 있는 아이 같았다. 우리 둘로 인해 자기 삶이 불안해질 리 없다고 확신하는 아이. 적어도 윤소정과 신동일의 숙제를 복이에게 넘겨주지 않을 거라는 그 단단한 행복을 지닌 아이 같았다.

이제야 알겠다. 이 단단한 행복은 과거 자기 삶의 문제를 단단히 책임졌던, 그리하여 미래를 두려워하지 않는 이들이 '지금' 받을 수 있는 최고의 선물이라는 걸. 복이에게 이 단단한 행복을 오래오래 선물하고 싶다. 그래서 남편과

나는 우리에게 찾아온 현재의 문제를 기꺼이 끌어안기로 했다. 복이의 웃음에 동화되며, 너와의 첫 가을 여행에서.

한번 와볼 만한
삶이야

면접을 봤다. 꽤 어린 친구였는데 눈빛도, 세상을 향한 포부도 좋았다. 과거에는 교육, 사업 등 내 일을 시작하는 이를 보면 "왜 굳이 이 어려운 길을 걸으려고 해?" 하는 말을 건네곤 했는데. 그건 참 이기적인, 그리고 무책임한 말이었다. 얼마 전 남편은 말했다.

"당신 인생 몇 점짜리라고 생각해? 내가 봤을 때는 100점 그 이상이야. 당신 지금 자유롭지 않아? 함께 일하는 사람에 대한 스트레스도 적고, 최고의 인재부터 전 세계 전문가들과 존중받으며 일하고, 내가 하고 싶은 일을 하고 싶은 시간에 할 수 있고, 돈 걱정 안 하고. 게다가 남편은 최고의 서포터에, 건강한 아들 어떻게 키울지 최소한의 소신을 가지고 내 가족에 대한 책임을 다하면서 살고 있다면 그 15년에 대한 보상으로는 너무 큰 거 아니야? 만약 만족하지 못한다면, 그거 당신 마인드 문제야. 반성해야 해."

그날도 아마 나는 요새 너무 고민이 많다고 그에게 말을 꺼낸 것일 텐데, 돌아보니 그랬다. 여기까지 왔다. 정말 그랬다. 이렇게 살아놓고 만족하지 못한다면, 또는 겸손하겠다며 "아직 많이 부족하죠"라고 얘기한다면 세상에 대한 감사가 없는 사람이다. 이제는 얘기해야 했다. 너 꼭 한번 해보라고. 예전에는 이 말이 잘난 척 같아서, 애써 힘을 주는 말 같아서 숨겼지만 이젠 나 같은 친구가 말해야 하는 때가 온 것 같다.

15년 세월 바쳐서 이만큼 멀리 올 수 있다면, 그건 정말 해볼 만한 일이었다. 그리고 이왕 할 거면 딱 10년만 지금 내가 있는 곳에서 가장 멀리 모험을 떠나라고, 포기하고 싶을 때 그때가 가장 크고 있는 때니까 토닥여주겠다고 다정히 말을 걸어야 했다. 내가 시작할 때 "이 힘든 길을 뭐 하러 걸으려고 해?", "진짜 힘들어"라고 얘기하던 선배들이 참 많았는데, 그들은 내가 이 세계에 오지 않았으면 하는 이들이었다는 생각이 든다. 그때 만약에 그들이 "야, 진짜 와볼 만한 삶이야. 꼭 와봐. 안 오면 바보야. 손해 보는 것 같아도, 어떤 일이든 네가 할 수 있는 최선을 다해. 진짜 그게 다 네 재산이야"라고 했다면 난 끝까지 와보고 싶었을 거다. 용기 내어 지금 있는 세상 밖으로 나갔을 거다.

"소정아. 뭘 그렇게 열심히 살아? 무엇을 위해서?"

오늘 그 답을 찾았다. 그래서 만나는 이마다 더 자신

있게 말했다. 자기 삶에 최선을 다하는 삶, 그거 괜찮은 거라고. 손해날 것 같지만, 전혀 아니었다고. 지구는 계산이 통하는 곳이 아니니, 먼저 주고 나중에 받으라고 얘기해줬다. 스스로 해결해 본 문제가 많을수록, 어차피 사건 사고가 끊임없는 내 인생을 지켜주는 구명줄이 되어줄 거라고. 우리 기왕이면 더 멀리 가보자고 얘기했다. 감당해야 하는 케파가 커질수록 이까짓 태풍쯤은 쉬이 지나칠 수 있으니까. 오늘처럼.

10년 뒤 나는 더욱
단단한 행복으로 가 있을 테니,
딱 이만큼까지만 와도 괜찮다고.
가슴으로 시작하는 그녀를 안아주었다.

—

동해시, 동해바다.
사람들은 동해시를 잘 모른다.
그럼에도 애국가 첫 구절은 '동해~물과 백두산이'로 시작한다.

바로 이 바다였다.
이곳에서 난 펑펑 울었고, 또 웃었다.
이날은 드디어 나의 행복을
아무도 알아주지 않아도 괜찮은 날이었다.

걷고 또 걷다 만난
단단한 행복이었다.

- 컨티뉴어스에 대한 전문가 인터뷰

그리하여, 컨티뉴어스란?

13년간 적었던 날것의 글이 2만 장. 이 책을 요약한 한 권의 책을 탈고하고, 펑펑 울었다. 나로 시작했던 이야기는 우리 이야기로 바통터치 되어 엮였다. 그 어디에도 독백은 없었다. 혼자의 이야기였다면 이 이야기는 16년간 이어질 수 없었을 것이다. 나는 그저 성실한 기록자였다. 이야기를 엮어간 것은 엮이고 엮인 우리의 삶이었다.

그제야 컨티뉴어스라는 단어로 요약되었다. 지쳐 있던 나를 계속, 그럼에도 계속 나아가게 한 것은 같이의 가치였다. 그리고 진심으로 내가 사라지지 않길 바랐던 한 사람. 나에게 함께 밥 먹고 술 마시는 삶을 진심으로 깨닫게 해준 데미안 같은 친구이자 나의 어른 박재현의 생각을 꼭 글로 담고 싶었다.

돌아보면 한때 반짝이는 재능을 가진 청년이 될 수 있었던 윤소정에게 컨티뉴어스의 가치를 가르쳐준 것은 박재현과 함께 먹은 술과 밥이었다. 그리하여 마지막에는 꼭 정리해 두고 싶었다. 20대에 만났던 그의 마음을, 30대의 끝자락에서 인터뷰하기로 했다.

윤소정　돌아보면 지쳐 있던 나를 정돈해 준 사람은 오빠더라고요. 그때의 나는 노력하다가 지쳐서, 더 이상 걸어갈 힘이 없었거든요. 정확히는 희망이 보이지 않았다고 해야 할까? 브랜드 전문가 이전에 동시대를 살아가는 어른으로서 매일 밥 먹고, 술 마시면서 계속 어떤 마음을 남겨주고 싶었던 거예요?

박재현   우리 처음 만난 날, 네가 그랬거든? "와⋯, 이 카페 힙하지 않아요?" 내 귀엔 이렇게 들렸어. "와⋯, 이 카페 일찍 망할 것 같지 않아요?" 30년간 브랜딩 업계에 있다 보면 어느 순간 '어, 쟤 사라졌어? 그거 없어졌어?' 하게 되는 반짝스타들을 수도 없이 만나게 돼. 그래서 난 힙하다는 말이 무섭더라. 힙한 것은 단기적이야. 힙은 너무 짧아. 힙한 카페가 제일 일찍 망하거든. 요즘 이게 뜬다고 해서 가보면 '이게 몇 년이나 갈까?' 싶은 것 참 많아. 브랜드가 된다는 건 사람도, 회사도 짧게 치고 빠지는 게 아니거든. 난 그저 네가 사라지지 않길 바랐어. 반짝스타가 되지 않길 바란 거야.

윤소정   그랬네요. 전 정말 힙한 것, 멋진 것을 엄청 하고 싶어 했어요. 기억나요. 매일 내가 찾아 온 레퍼런스 보면서 오빠가 "이거 몇 년 갈 것 같아?"라고 질문해 줬잖아요. 그 관점이 일할 때 정말 큰 도움이 되었어요. 정말 찾아보니 몇 년 안 가더라고. 싸이월드, 버디버디만 사라진 게 아니라 우리 주변의 그 힙했던 카페들이 다 사라졌더라고.

박재현 요새 친구들과 대화해 보면 브랜드 만드는 일, 즉 낳는 것은 참 잘하는데 브랜드를 어떻게 키울지 양육 계획은 전혀 없어 보여. 양육에 대한 전략적 관점 없이 새로운 아이들을 주야장천 낳기만 하는 거지. 소정이 너도 그래서 지쳤던 거고, 힘들었던 거야. 젊고 의욕이 앞서니까 무언가 참 잘 만드는데, 어떻게 키워야 할지 몰라서 막막해지는 거지. 시간이 갈수록 앞이 보이지 않는 거고.

어릴 때는 누구나 이런 생각 하거든? '이걸 보여주면 사람들이 나를 힙하게 생각하지 않을까?' 넌 특히나 열심히 사는 친구라 위험해 보였어. 그래서 하나둘씩 얘기해 주고 싶었던 거야. 내가 현장에서 깨달았던 컨티뉴어스의 관점들을.

윤소정 전 정말 운이 좋았네요. 그런데 저뿐만 아니라 우리 또래 중 일 좀 한다고 하는 친구들은 '지속가능한 경영'에 대해서 깊이 생각해 본 적도, 경험해 본 적도 없었어요. 뭐 책이나 잡지에서 단어로 보기만 했죠.

박재현 내가 늘 강조했던 것 기억나니? 지속가능한 경영이 되려면 '헛손질, 헛발질, 헛스윙', 이 스리헛을 하면 안 된다고. 헛스윙 한 번에 네가 평생 고생해서 모은 수억 원을 날리잖아. 예를 들어 카페 하나 만드는 데 1~2억

원을 썼다고 치자. 그럼 상식적으로 돈을 벌게 되는 건 5년, 10년이 지났을 때여야 하거든? 2억 원을 투자하고 6개월 동안 검색어 1위 하면 무슨 소용이야. 그런데 요즘은 얼마 버는지를 무진장 자랑해. 그거 자랑 아니거든. 내가 현장에서 30년간 있으면서 관찰해 보니 우리나라 브랜드들은 *'수익경영'을 하려다가 짧게 끝나버려.* 돈 버는 경영을 해서 수익을 강화하면 브랜드가 커진다고 착각하는데, 진정한 브랜드 가치는 지속가능 경영에 있어. 영어로는 사실 'sustainable'이지만 난 단어적으로 'continuous'라고 표현하는 거야.

윤소정 컨티뉴어스를 한국말로 번역하면 어떤 단어로 써야 할까요?

박재현 참 어려운 질문이네. 영어 그 자체인데⋯. 그럼에도 한국말을 쓴다면 '사랑진행형'이라고 쓸 것 같아. 지속이라는 단어가 설명할 수 없는 단어가 있어. 계속해서 발전해 나간다는 개념. 컨티뉴어스에는 계속적인 발전이 함께해야 하거든. 그러려면? 애정이 있어야지. 애정 없이 혼자 진행하면? 딱 오버가 되거든. '왜 저렇게 분위기 파악 못 하고 혼자 오버해?' 하는 상황이 되는 거지. 혼자 진행하지만 결국 사랑받지 못하는 상황이 되는 거야.

사업하지 말고 사랑하라고 한 말 기억하니? 사업은 장사를 한다는 뜻이야. 브랜드는 궁극적으로 '사랑'을 원해야 해. 고객과 사랑을 하게 되면 당연히 매출도 따라오고 즐거움, 보람, 행복 다 따라오는 거야. 근데 사랑 없는 사업을 하면? 돈은 벌지 몰라도 즐거움, 보람, 행복은 없어. 컨티뉴어스에는 사랑이 있어. 지속적인 사랑.

연애할 때를 생각해 봐. 늘 우리는 '영원한 사랑'을 꿈꾸잖아? 브랜드도 마찬가지야. 고객들에게 영원히 사랑받고 싶지. 그러려면 3단계 방향으로 경영 방식을 끌어올려야 해. 수익경영, 지속가능 경영, 영속가능 경영. 즉 수익이 어느 정도 궤도에 올라가면 지속가능 경영으로 바꿔주고, 지속가능한 경영이 되면 영속가능한 경영으로 가는 선택을 하는 게 브랜드를 키우는 맥락이거든. 우리가 알고 있는 100년 이상 된 세계적 브랜드 대부분은 영속가능한 세계로 넘어간 거야. 딱히 상표출원을 하지 않아도 세계적으로 독점권을 인정해 주는 인지 자산이 인정된, 브랜드가 된 명품들. 그들은 단발적으로 돈 벌려고 만들어진 브랜드가 아니야. 지속가능해지기 위해서 사랑받을 때 더 사랑받는 그다음 사랑을 준비하는 친구들이지.

윤소정   맞아요. 저도 처음 사업할 때는 돈을 벌어서 재투자해야 한다는 것은 알고 있었지만 사랑받을 때 더 사랑받을 준비를 하는 것, 더 정확히는 돈을 벌어서 다시 사랑할 준비를 한다는 개념 자체를 생각해 보진 못했어요.

박재현 맞아. 그래서 오래가는 것들은 태도부터 달라. 돈 버는 것에서 끝내지 않는 태도가 멀리서도 느껴지지. 그들은 끊임없이 그다음에 어떻게 더 사랑받을 수 있을지를 고민하는 진정성 있는 태도로 임하거든. '고객들과 두 번째, 세 번째 사랑을 이어가려면 어떤 전략이 필요할까?' 끊임없이 고민하는 거지. 실제 연인들의 사랑이 끊기는 순간을 잘 떠올려봐. 매력이 이어지지 않으면, 딱 헤어질 기미가 보이거든. 첫눈에 반했는데, 대화를 해보니 머리가 텅텅 비어 있다면? 애프터 하고 싶을까? 만남이 끊기지? 반대로 다시 만나고 싶은 사람은? 분명 다음 매력이 어필된 거야. 관계가 이어진 거지. *한 명의 소비자가 3년 이상 사랑하는 브랜드를 만든다는 것, 그거 정말 쉽지 않거든.*

넌 3년 이상 좋아하는 브랜드가 있어? 아마 없을 거야. 우리나라의 대부분 브랜드는 수익성 모델을 관리하기 때문에 그래. 지속가능한 사랑에 대해서는 큰 관심이 없거든. 난 너희가 지속가능한 사랑, 컨티뉴어스에 관심을 가지기 시작하면, 지속가능한 경영을 실천할 수 있다고 믿었어.

윤소정 하지만 오빠도 사회 초년생 때부터 지속하는 사랑, 컨티뉴어스의 개념을 생각하진 못했을 것 같은데요. 어떤 계기로 그 개념을 생각하게 되신 거예요? 처음 회사 다닐 때부터 생각하진 않으셨을 것 같은데….

박재현 맞아. 벌써…, 몇 년 전이더라? 김대중 정권 시절에 한창 벤처 열풍이 불었어. 그때 지금의 S기업 회장의 머릿속에 5개의 신사업 프로젝트가 있었거든? 여행, 헬스케어 등등. S그룹의 막대한 자본으로 일종의 스타트업을 시작한 적 있어. 그때 초반 브랜딩 작업을 5개 모두 내가 다 진행했거든? 그때 나도 정말 열심히 기획했는데, 지금까지 살아남은 자식들이 하나도 없어…. 3~4년 만에 다 죽었어. 나도 내 자식 같은 브랜드를 잃어가며 알게 된 거야.

그때 처음으로 이건 정말 아닌 것 같다는 생각이 들더라. 시작부터 관계자들은 수익성을 따졌거든. 이게 돈이 되느냐 안 되느냐를 놓고 한참 다퉜지. 물론 아이러니한 부분이야. 브랜드가 오래가려면 수익성 보장은 기본이야. 하지만 초반에 확 뜨는 브랜드보다 천천히 자리 잡아 가는 브랜드가 4~5년 되었을 때 지속적인 사랑뿐 아니라 안정적인 사랑을 받을 수 있거든? 하지만 그땐 이 관점이 없었던 거야. 모두 바로 수익을 내고 싶어 했어. 실패 이후 정말 많이 성찰해 봤지.

우린 왜 그렇게 어리석은 선택을 했을까? 돌아보니 미

시적인 시각으로 잘되는 것을 여러 개 깔아둔 뒤, 그중에 가능성 있는 브랜드만 키우겠다는 전략을 가졌던 거야. 브랜드를 만들고, 건축하고, 설계하는 '브랜드 빌더'의 입장에서는 정말 어긋나는 행동이었지. 브랜드에는 1년 차, 2년 차, 3년 차, 4년 차마다 걸어야 할 계단이 있거든. 그런데 우리나라 경영자들은 브랜드 이름이 1월에 나오면 12월에 "얘 잘되고 있어? 얘가 지금 돈이 되고 있어?"라는 질문을 던지더라고. 돈이 되는 것? 그건 브랜딩 관점이 아니야. 그건 상품에 대한 관점이지.

소비자들은 '이 돈을 주고 살 만한 가치'가 있어야 브랜드라고 얘기하거든. 주변을 잘 돌아봐. 다이소에 가서는 '브랜드'를 따지지 않잖아. 손톱깎이 하나에 1000원? 그럼 사는 거지. 500원, 1000원, 2000원에는 리스크가 없으니까. 브랜드 개입도가 없는 상품의 세계도 분명히 있어. 하지만 브랜드 개입도가 있다는 것은 내가 생각하는 평균 가격보다 높게 지불할 의사가 있다는 뜻이야. 우리나라에서도 외국처럼 150년, 200년, 300년 되는 브랜드가 나와야 똑같은 원가를 들이고도 누군가는 300만~400만 원을 받을 수 있는 경쟁력을 키울 수 있어. 국가적 측면에서도 유익한 일이지. 하지만 브랜드를 키우지 않으면 3~4만 원 받는 행위가 지속되거든. 그럼 지치는 거야. 국가경쟁력도 잃고. 그래서 젊은 친구, 특히 경영하는 친구들이 브랜드를 성장시키는 과정에 더 관심을 가지길 바랐어. 새로운 브랜드를 낳는 것에 흥미를 좀 줄이고 잘 양육해 보자는 거지! 그래서 강의도 하고, 교육도 하고, 소정이 너 같은 친구들과 술 마시며 벗이 된 거지.

너도 아들 낳고 보니 공감되지 않니? 아들 낳고 20년 동안은 애한테 돈 벌어 오라고 하진 않잖아. "아들아, 그냥 잘만 커줘. 정직하게 자라줘. 희망 있는 사람으로 자라줘." 이런 이야기를 하겠지. 근데 왜 오직 브랜드만 못 기다릴까? 왜 브랜드한테만 태어나자마자 "너 돈 벌어와!"라고 하는 거야? 기다림 없는 브랜드 경영 풍토는 이젠 정말 변해야 해.

윤소정　아, 정말 그렇네요. 아이를 키우는 관점으로 브랜드를 바라보면…, 처음에는 기대가 없어야 하는데 처음부터 돈을 벌고 싶다는 마음이 드는 건 조바심 때문이죠. 돈을 벌면 또 수익을 점점 더 키우고 싶다는 욕심이 생기는 게 사람 마음이고요. 혹시 그럼 컨티뉴어스의 관점으로 경영을 잘한 경영자를 소개해 주실 수 있어요?

박재현　난 주로 한국의 대기업들과 일했잖아. 그들은 경영자가 바뀌면 전체 그림이 바뀔 때가 많아서 딱히 누군가를 소개하긴 어려울 것 같아. 하지만 너에게 소개해 주고 싶은 '큰 그림을 그렸던 사례'는 있어. 최근에 작업했던 파르나스 호텔 사례인데, 그 사람이 경영을 잘했다는 평보 다는 큰 그림을 그렸던 사례로 공유해 주고 싶네.

삼성역 근처에 인터컨티넨탈 '파르나스'라는 호텔이 있어. 지금은 '인터컨티넨탈 서울 파르나스'가 공식 명칭인 데, 많은 이들이 인터컨티넨탈이라고 부르지. 사실 파르나 스는 인터컨티넨탈 브랜드의 덕을 보는 브랜드야. 하지만 당시 이 호텔을 경영했던 고 김동수 대표는 오래전부터 고 민했어. 인터컨티넨탈이라는 6음절에 기대서 호텔에 룸과 서비스를 팔기만 해서는 미래가 없다고 생각한 거지. 로열 티로 수십억 원씩 주면서 인터컨티넨탈을 유지하면, 수익 경영은 가능하지만 이게 정말 옳은 일일까? 올바른 고민 을 시작한 거지. 그래서 돌아가시기 전에 장기적으로 호 텔의 브랜드 경영에 대해 생각했어. 인터컨티넨탈의 그다 음 스텝을 준비하려 한 거지. 그때 나와 처음 만났는데 장 기적 관점의 독립을 꿈꿨지. 언젠가는 자립하고 끝을 낸다 면? 처음에는 '인터컨티넨탈 서울 파르나스'라고 이름을 붙이고, 점점 '인터컨티넨탈 파르나스', 그리고 '파르나스 인터컨티넨탈', 그러다가 나중에 '파르나스'로 독립할 방안 을 기획한 거지.

이건 애니콜도 마찬가지야. 처음에는 애니콜도 '삼성 휴대폰 애니콜'이라고 이름 붙였거든? 애니콜을 아무도 모르니까 아버지인 '삼성 휴대폰'이라는 이름이 이끌어준 거지. 그러다가 제품에 대한 자신감도 생기고, 애니콜을 키울 수 있을 거라는 판단이 생겼을 때 디자인을 변경했어. 삼성을 6, 애니콜을 4 비율로 바꾼 거지. 그러다가 어느 시점이 지나면 5:5, 4:6, 3:7 식으로 점점 삼성이라는 글씨는 줄어들고 애니콜이 커졌어. 그리고 마침내 애니콜로 독립했지. 삼성을 다 떼어버리고. "너 누구니?"라고 물어보면 "애니콜이요!"라고 답할 수 있을 때까지 독립한 거야. 이런 결정을 내리기까지 상당히 오래 걸린다는 게 문제고, 시간을 기다린다는 게 어렵다는 건 나도 알아. 안타깝게도 중간에 최종 결정권자(주로 회장이나 대표이사)가 갑자기 돌아가시면서 마무리를 못 하는 경우가 되었지. 뒷사람들에게 양육 전략이 잘 전달되었는지는 모르겠어. 오직 그 최종 결정권자 머릿속에 계획이 있었기 때문에 지금은 어려울지도 모르겠다. 하지만 최종 결정권자의 장기적인 관점은 경영하는 사람들이 한 번쯤 생각해 볼 만한 좋은 주제라고 생각해.

윤소정 이건 비단 파르나스 호텔이나 애니콜 같은 제품에만 국한된 이야기가 아니라는 생각이 드네요. 어제 만난 제 친구도 퍼스널 브랜딩을 굉장히 잘한 친구인데, 과거의 저처럼 장기적 관점 없이 무작정 열심히만 하다 보니 그다음 그림이 없어서 혼란스러워하더라고요. 2.0의 그림이 그려지지 않는 거죠. 딱 그때 제가 오빠를 만났던 기억이 나네요. 그래서 대신 물어봐 주고 싶어요. 힙한 것들을 좋아하는, 한때 힙했던 친구들이 지금 공부해야 하는 건 무엇일까요?

박재현 매력도(ATTRACTIVE). 매력도를 생각해야지. 모든 브랜드는 '얼마나 치명적인 매력이 있는가?', '어떤 콘셉트로 사람들에게 인정받을 것인가?'로 평가되거든. 나의 매력을 중심으로 시대가 원하는 매력을 지속적으로 어필해야 하는 운명을 가지고 있어. 그러니 질문해봐야 하는 거야.

'지금 내 매력도는 시대를 잘 간파하고 있는가?' 내 매력의 중심을 잃지 않으면서 시대의 매력으로 다시 한번 업그레이드할 수 있는 힘을 매력도라고 하는 거야. 내 매력이 이 시대에 맞게 지속되고 있는지 고민하는 것이 브랜드 만드는 사람들이 매일 해야 하는 일이지. 맥주 하이트는 로고를 몇 번 바꿨을까? 소비자는 다 기억할 수 없지만, 처음에 나온 하이트의 로고를 지금은 쓰지 않거든. 자신의 매력을 중심으로 시대가 원하는 컬러, 원하는 로고로 끊임없이 바꿔온 거야. 사랑이 끊기지 않도록. 아주 예민한 촉으로 시대를 간파한 거지.

이때 난 '간파'라는 한자를 쓰고 싶어. 영어로는 인사이트. 내가 사랑하는 고객의 마음을 간파하는 힘. 그건 '통찰력'이라는 단어로는 부족해. '내 마음을 간파당했어.' 이거 엄청난 얘기거든. 볼 간(看), 깨뜨릴 파(破). 딱 보고 그 속내를 확실히 꿰뚫고 읽어내는 힘이지. 그러려면 '촉', 즉 레이더가 늘 작동돼야 해. 사회적으로 어떠한 큰 변화가 있는지 등 내 레이더망을 통해 하나도 놓치면 안 되는 상황을 만드는 거지. 촉으로 자신의 매력과 시대가 원하는 매력을 잘 간파하는 브랜드들이 있어. 연애도 마찬가지고.

너희 부부도 남편이 네 마음에 어떤 이슈가 있는지 촉을 세우지 않으면 금세 싸우게 되지 않니? 서운해지고, 마음이 식잖아. 소비자는 오죽하겠어? 브랜딩에서 제일 중요한 촉, 레이더를 구동하지 않는다? 그럼 바로 헛손질, 헛발질, 헛스윙이 나오는 거야. 그가 어딘지 모르게 촌스럽다고 느껴지고 아줌마나 아저씨 같을 때, 어떤 생각이 들까? 감 떨어졌구나…, 더 이상 촉을 곤두세우지 않는구나… 하면서 연인들도 서운해하고 싸우고 헤어지잖아. 그러니 고객들은 어떻겠어. 레이더망을 더 이상 작동하지 않는다면? 다 떠나가는 거지.

윤소정 이 부분은 헷갈릴 수 있을 것 같아요. 힙한 것이 위험하다고 했는데, 또 한쪽에서는 레이더를 작동해서 세상이 변하는 흐름을 읽어내는 촉을 이야기하니까요. 내 매력을 잃지 않고, 시대가 원하는 매력으로 밸류업하려면 어떤 노력이 필요할까요?

박재현　단순해. 결국은 '후 엠 아이(WHO AM I)'야. '나는 왜 태어난 거지?' 이걸 명확하게 설명할 수 있는 브랜드와 없는 브랜드의 차이인 거야. 많은 친구가 일을 시작할 때 허세를 부려. '전 세계를 살리겠다!' 뭐, 이런 비전들을 가지려고 하지. 하지만 구체적일수록 좋은 거야. 박서원이라는, 두산그룹 4남으로 광고 일을 하는 친구가 있어. 그가 만든 브랜드 '바른생각'이 이걸 설명하는 데 딱 좋은 예시 같아. 그가 외국인 친구랑 대화할 때, 이런 질문을 받았다고 해.

"너희 나라는 왜 콘돔 광고 같은 것은 안 해?" 콘돔을 비롯해서 성과 관련된 제품은 대한민국에서 음지 산업이 잖아. 그는 바로 낙태율을 검색해 본 거야. 우리나라 연간 낙태 숫자는 35만 명! 아, 그럼 딱 1만 명만 줄여보자. 이게 콘돔의 존재 이유가 되는 거지. 그리고 음지의 문화를 양지로 이끌어가잖아? 이때 그들은 콘돔을 파는 게 아니라 콘돔을 사용해야 하는 층에 계속 질문을 던지고, 대화를 건네. 리포트를 발간하고, 팝업 스토어를 만들고. 바른생각 콘돔 광고를 한번 보면, 몰래몰래 사던 제품을 이렇게 눈앞에 '바른생각'으로 만나게 하는 묘한 매력이 있어. 숨어서 사지 않는 것 자체가 바른생각이니까. 그러다가 점차 커뮤니케이션을 제품으로도 확대하는 거지. 최근에는 '배-따순생각'이라고 여자들의 배를 따뜻하게 해주는 온열 팩을 만들었어. 앞으로 바른생각 호텔, 바른생각 대학, 바른생각 나라도 만들고 싶다는 이야기를 해. 하지만 그들의 시작은 작았어. 허세가 아니라 정말 1만 명을 줄이자는 작은 생각으로 시작해서, 브랜드의 성장과 함께 꿈의 폭이 넓어지는. 그것이 양육 측면에서의 방향성이 아닐까?

윤소정   그럼 박재현의 'WHO AM I'는 어떻게 만들어졌어요? 그렇게 우리 참 오래 밥을 먹고, 술을 마셨는데 내가 이 질문을 한 번도 안 해봤네요. 하하.

박재현   나는 브랜드의 생로병사를 간파하는 브랜드 인사이터잖아? 브랜드에는 반드시 '생로병사'가 있거든. 내가 일했던 현장에는 브랜드를 만드는 사람, 브랜드 지식을 가진 사람은 참 많았어. 그러나 노병을 간파하고, 치유해서 생명을 연장하는 이들은 많지 않았어. 우리 때는 브랜드를 단순한 '네임'으로 바라보기도 했어. 내가 한창 활동하던 1990년대부터 2010년까지 '브랜드 회사'는 참 잘 먹고 잘살 수 있었지. 신제품이 나오면 브랜드 네임, 디자인, 슬로건을 만들어주는 브랜드 회사들이 엄청나게 잘되던 때였거든. 그런데 시간이 지나니 그것을 만든 기업은 상당히 어려워지는 상황이 된 거야.

브랜드를 태어나게 하고 나 몰라라 방치하는 건…. 일테면 '영아유기'잖아? 그런데도 애를 낳고 그냥 뭐, 잘 자라겠지 하고 내버려 두는 일이 비일비재해진 상황이었지. 우리 때는 브랜드 회사의 역할은 '이름과 디자인, 슬로건'을 정하는 거였어. 그리고 애를 키우는 건 '광고대행사'로 넘겼지. 출산하는 사람과 양육하는 사람이 완전히 달랐던 거야. 그런데 아기도 출산한 사람이 키워야 얘가 어떻게 탄생했는지 그리고 어떻게 자라야 할지를 알지 않겠니? 그게 구분이 안 되니 엉뚱한 방향으로 키워지는 걸 보며…, 정말 많은 회의를 느꼈지. 그래서 어느 순간부터는 '새로운 것을 만드는 사람'이 아니라 이 아이들을 어떻게 가치 있게 성장하게 할 것인가, 즉 단순한 브랜딩에서 복잡한 브랜딩으로 내 생각과 역할을 바꾸고 있더라고.

브랜드는 생로병사가 있는 살아 있는 유기체야. 태어난 것들은 반드시 언젠가는 죽어. 하지만 인간의 수명과는 다르게 브랜드는 갑자기 일찍 죽을 수도 있고, 밑도 끝도 없이 영원히 살 수 있는 부분도 있지. 브랜딩 양육에서는 노병, 즉 생로병사에서 노와 병을 어떻게 관리하느냐가 제일 중요해. 늙어가는 과정을 멈추는 게 안티에이징인 거고. 병들었을 때 어떻게 치료하는지에 따라서 200년, 300년 가는 브랜드도 될 수 있지. 장수하는 브랜드의 삶으로 이끌어줄 수 있는 거지.

근데 대부분 브랜드는 시작은 참 잘해. 그런데 노병의 관리를 못 해서 결국 다 접는 거지. "저, 이제 더 이상 관리 못 하겠어요" 하면서 물러나는 거야. 난 노병을 관리하는 브랜드 전문가의 길을 선택했어. 새로 만드는 것보다 살려내는 것, 혹은 오래도록 젊게 유지시키는 것, 그게 브랜드 인사이터 박재현의 후 엠 아이야.

윤소정 정말, 박재현이라는 사람이 새롭게 보이는 대목이네요. 그래서 그렇게 '해야 하는 일'보다 '하면 안 되는 일'을 생각할 수 있는 수많은 질문을 던졌던 거군요. 그럼 혹시 나름의 노하우 같은 것이 있나요? 모두 알고 싶어 하지만, 정작 발견하긴 쉽지 않거든요.

박재현 나도 깨달음은 현장에서 얻었어. 그래서 현장 경험을 계속 강조하는 거야. 선수는 필드에 있어야지. 지금도 내가 현장에 있는 이유고. 브랜드는 책과 강연장에 있을 수 없어. 깨달음은 철저하게 현장에서 질문해야 쌓이거든. 모든 사항에 대해서 묻는 거야.

내가 브랜드 근육을 만들 때 가장 잘한 것은 잘나가

는 브랜드가 있으면 '얘가 왜 잘되고 있을까?' 스스로 물어본 것, 망했을 때는 '얘는 왜 죽었을까?' 마치 부검하듯이 질문을 쌓았다는 거야. 누구도 사인을 모르는데, 나 홀로 고민한 거지. 결론은 없어. 하지만 '이렇게 해서 죽었을 거야…'라는 추측들이 쌓이면 그게 로직이 되고, 혜안이 되더라고. 그러니 묻는 것에 부담을 갖지 않아야 해. 정답은 없으니까. '이랬던 것 아닐까?'라는 내 나름의 생각이 축적되면 큰 자산이 되더라. 그렇게 계속 질문을 던지다 보니 나도 내가 중심을 잃지 않고 해야 할 일을 현장에서 발견할 수 있었겠지.

윤소정　　맞아요. 현장에 있는 친구들 중에 '이랬던 것 아닐까요?'라고 질문하는 태도를 가졌던 친구는 결국 잃어버리지 않는 자신의 중심 하나쯤은 발견하더라고요. 그런데 정말 어려운 건 계속 시대의 매력을 간파해서 가치를 올려야 한다는 과제일지도 몰라요.

박재현　　나의 중심을 잘 찾고 가치를 올리려면, 피상적인 것에서 벗어나야 해. 힙한 친구들은 무언가를 어디에 가져다 둘까? 어떻게 꾸밀까? 등 외부적인 것에만 집중하거든. 그런데 예쁜 여자, 멋진 남자를 만났는데 한 시간 동안 대화가 안 통하면? 다시 안 만나거든. 모든 브랜드는 고객이 말을 걸 때 '수긍'할 수 있어야 해. 긍정적인 수용이 되어야 하는 거지.

마케팅적 관점에서 'CC 베이글'과 '런던 베이글'을 볼까? 실제 맛은 CC 베이글이 좋다는 평이 많아. 그런데 CC 베이글은 브랜딩이 없어. 인테리어 요소만 있지. 하지만 런던 베이글은 디자인에 관심이 많은 50대의 료(Ryo)라는 여자가 운영하는 브랜드야. 이 친구는 어떤 이야기를 하나, 런던 베이글은 역동적인 움직임을 팔고 싶었다는 표현을 써. 제품보다 에너지 넘치는 직원들을 보여주고 싶었다는 거지. 베이글을 앞에 두고 직원들이 막 바쁘게 일하는 것도 이야기의 요소라며, 사람들이 빵을 만들기 위해서 분주하게 뛰어다니는 모습을 보면서 베이글 맛이 증폭된다는 생각을 하고 있으니 브랜딩을 하는 사람이지.

베이글을 포장하면 영국 여왕 엘리자베스 2세의 어린 시절이 담긴 리플릿을 주는데, 리플릿을 딱 펼치면 한국어로 쓰인 글은 '베이글을 맛있게 먹는 방법' 뿐이야. 나머지는 다 영어인데, 그 내용도 아주 독특해. 사장인 료가 생각하는 최고의 순간 34가지를 적어둔 거지. 리플릿은 베이글과 완전히 관련 없는 것들이야. 그녀가 좋아하는 영화 24개가 있고, 런던에서 타투를 가장 잘하는 타투숍 정보도 있더라고. 이 베이글과 관련성이 있는 것은 '맛있게 먹는 방법' 딱 한 칸이고 나머지는 다 개인적인 얘기야. 이걸 모두 영어로 한 거지. 그녀는 말을 걸고 싶었던 거야. 내가 좋아하는 것을 얘기하면 누군가는 공감할 거다. 그런 마음으로 시작한 거지. 지금 뷰클런즈에서 플레이리스트를 만드는 것과 똑같은 거지. 난 그게 다 말을 거는 거라고 생각해.

그 친구가 "모든 고객과 대화할 수 없지만, 누군가가 이걸 만드는 나를 떠올릴 상상만 해도 나는 너무 설렌다"라고 말한 적이 있거든? 이게 브랜딩이지. '베이글을 많이 만들어서 고객들에게 팔아야지!' 이건 마케팅이고, 결국 연애하는 마음을 가지는 것이 브랜드야. 말을 걸고 싶은 마음. 나에게 오는 고객에게 '나는 이런 것들을 좋아해요, 나 이런 영화 재미있게 봤어요, 나 이런 런던의 타투숍 가보고 싶어요'라고 나의 개인적인 정보를 들려주는 것. 그 데이트에서 나오는 그런 언어들이 이 시대의 관점에 맞고 계속해서 '컨티뉴어스'해 나가는 거야.

잘 생각해 봐. 결국은 '기대심리'가 있어야 성장하는 거거든. 만약 누군가를 만났는데 만날 때마다 똑같다면 금방 지루해지거든. 그런데 계속 다른 이야기가 펼쳐지는 거야. 그럼 '오, 이 사람 매력 있네!' 하거든? 그리고 계속 만날수록 그 매력이 더해진다면? 그땐 존경하게 돼. 그 순간에 브랜드가 탄생하는 거야.

윤소정　　그럼, 마지막으로 개인적인 질문을 꼭 하나

드리고 싶어요. 오빠와 함께 시간을 보낸 친구들이 꼭 오래오래 지켜줬으면 하는 태도. 아들도 괜찮고, 나도 괜찮고…. 이거 하나는 오래오래 지켜줬으면 하는 컨티뉴어스의 태도가 있을까요?

박재현　나도 완성 안 된 인간인데? 사실, 나도 스스로를 어딘가에 내놓기 부끄러워. 하지만 그럼에도 남겨야 한다면…. '리액션을 잘하자' 정도? 내가 살아보니까 100권의 책을 읽는 것보다, 100권을 소화한 사람과 한 시간 얘기하는 게 더 의미 있더라고. 가치 있는 사람과 같이하는 게 정말 중요해. 그러려면? '센스 있는 리액션'을 해야지. 적절한 타이밍에 추가 질문을 하고, 반짝이는 눈빛을 가져야 살아 있는 정보와 지식을 바로바로 수혈받을 거 아니야. 그런 관계가 반복되어야 다음 단계로 넘어갈 수 있는 거고.

　하지만 주변에 있는지 없는지 알 수 없는 무덤덤한 친구들은 가치 있는 사람과 함께하기 어렵지. 눈에 띄게 리액션해야 '오, 이 사람 매력 있는데!'라고 이어지잖아. 리액션이 없으면 '아, 걔 만나면 피곤하던데? 이해를 잘 못 하던데?' 하면서 피하게 되거든. 그럼 가치 있는 사람들과 함께할 연결고리가 끊어지잖니.

윤소정   그중에서 계속 컨티뉴어스하는 경영자들의
공통점이 있어요?

박재현   밝아. 내가 만든 단어가 하나 있는데 '밝음지
수(Bright Personality Index, BPI)'야. 난 이 지수가 10점 만
점에 7점 이상 되지 않는 친구는 개인적으로 다신 만나지
않아. 물론 주관적 측정이지만, 실제로 경영을 잘하는 친
구들은 스마트하진 않더라고. 오히려 어딘가 나사가 빠
져 있는 것 같아. 그런데 밝아. 똑똑한 친구들은 밝지는 않
거든? 오히려 약간 멍청해 보이는 친구들이 경영을 해. 본
인이 완벽하지 않다는 걸 인정한 친구들이지. 그 친구들은
진짜 컨티뉴어스하는 방법을 깨달은 거야. 같이의 가치.

"아, 이건 내가 잘 못하는 영역이니까… 김 부사장이
알아서 해"라고 말하는 밝은 친구들은 경영을 오래오래 잘
해. 반대로 자기가 똑똑하다고 생각하면서 "내가 들어보고
결정하겠어요"라고 말하는 경영자는 오래가지 못했어. 소
정이 너도 나를 만나고 나서 거의 결정을 잘 안 하잖아? 근
데 옛날에 너는 다 결정하려 했단 말이야. 네가 원하는 컬
러, 탁자, 커튼 하나하나 다 결정해야 속 편한 친구였지. 그
런데 지금은? 아니잖아. 완벽하지 않다는 것을 인정하고,
나에서 벗어나 우리가 되어 함께 가는 방법을 알게 된 거
지. 컨티뉴어스하게 된 거야. 난 네가 빠르게 사라지지 않

았으면 좋겠어. 오래오래 시간이 지날수록 가치 있었으면
해. 그럼 넌 또 어딘가에서 우리 이야기를 공유하고 있겠
지. 그럼 또 누군가는 컨티뉴어스하게 될 테고.

일희일비(一喜一悲) 그리고 컨티뉴어스

뭔가 대단한 법칙을 발견해야 할 것 같았습니다.
13년 매일 적었던 기록을 엮고 나면
멋진 방법론으로
내가 찾은 비법을 세상에 소리치고 싶었을지도요.

하지만 참 민망하네요.
13년 매일 글을 쓰게 했던 힘.
그럼에도 16년 오래오래 일을 사랑한 방법이
고작 '일희일비'였다니요.

날것의 밤에는
현자의 깨달음과 방법론이 통하지 않았습니다.
그저 오늘도 잘하고 싶어서
슬펐고, 힘을 냈고, 울었던 시간입니다.
그럼에도 잘 살고 싶어서
애쓰고, 사랑했고, 후회했던 기록입니다.
그래서 나의 글에서는 냄새가 납니다.
눈물 냄새, 콧물 냄새, 땀 냄새가 진동합니다.

솔직히 일이 좋아서 글을 쓴 적은 몇 번 없습니다. 그
럼에도 나를 미워하고 싶지 않아서 우리를 포기할 수
가 없어서 글을 쓰고 또 썼습니다. 내가 좋아서 글을

쓴 날보다 아무도 내 이야기를 들어주지 않아서…. 나를 혼자 둘 수 없어서 썼던 글이 훨씬 많습니다. 자랑도 많이 했습니다. 무엇을 가져서가 아니라 너무 없어서 작은 행운을 크게 기뻐하며 잘난 척했습니다. 그런 날것의 밤에 방법이 있어 봐야 뭐 얼마나 대단할 수 있을까요. 일희일비했습니다. 어김없이 밤이 되면 외로움에 꺼이꺼이 울었고, 해결되지 않는 문제 앞에서 수천 번 무너지면서 이어가고, 또 이어갔다는 게 13년 글 쓰는 자의 양심이겠죠.

얼마 전 기획자 친구가 이런 말을 하더군요.
"런던 베이글 뮤지엄 료(RYO) 님은 정말 너무 재능 있는 것 같아요!"
"재능? 하하하하. 그분 나이가 몇 살인데 '재능'이라는 단어가 맞을까? 업력이 20년, 50살 가까운 어른한테 '재능'이라는 단어를 쓴다고? '백종원 선생님 참~ 재능이 좋아.' 좀 이상하지 않나? 난 시간의 세례라는 표현을 써주고 싶어. 끈기 위에 세운 아름다움. 말은 쉬운데 20년? 너무 길거든. 누구나 경지에 오를 수 있지. 문제는 조바심이었어. 조바심은 솟아나는 감정들을 견디려 할수록, 참으려 할수록 나를 좀 알아봐 달라고 나오는 감정 같아.

차라리 슬플 때 실컷 울고, 화가 날 때 힘껏 화를 내면 힘든 날을 지나갈 수 있더라고. 좋아하는 마음을 숨기고, 관심 없는 척 내 사랑을 숨기면 꼭 병이 나더라고. 그래서 차라리 매일 밤 일희일비하며 글을 썼어. 힘껏 울었고, 힘껏 웃었어. 슬픈 음악에 콧물까지 흘렸고, 밤마다 음악에 몸을 맡겨 리듬을 타기도 했지. 그렇게 일희일비하며 나는 기록하고 또 기록했어. 그러다 보니 어느 순간 나도 뜨겁게 살고 있더라. 눈물 콧물 쏟아낸 나의 시간이 소중해서 이 시간을 망치고 싶지 않았던 거야.

내가 살아온 시간을 나를…. 사랑…하고 있더라고. 오래오래 일을 사랑한 사람들. 그들에게는 독특한 밤의 냄새가 나. 너무 잘하고 싶어서 울었고, 너무 잘살고 싶어서 땀 흘렸던 숙성된 밤의 냄새. 그럼에도 불구하고 아침이면 다시 사랑하려 애태웠던 그 마음은 마침내 멀리서도 느껴지는 어른의 아우라를 갖게 하더라…. 그 긴 시간을 어찌 재능이라 말할 수 있겠어."

사랑하면 화가 납니다. 작은 것에 서운해지고. 여전히 남편을 사랑하냐고요? 네. 너무 많이요. 그래서 여전히 화가 나고, 밉고, 질투 나고 그럼에도 그의 곁에서 참 많이 웃습니다. 동료를 사랑하냐고요? 네. 여전히 사랑합니다. 동료에 대한 사랑 앞에는 '여전히'라는 말을 꼭 붙이고 싶습니다. 오늘 우연히 '우리 대표님은 처음부터 끝까지 저를 믿어주신 분'이라는 표현으로 저를 소개해 주는 동료를 봤습니다. 어떻게 처음 봤던 친구를 바로 믿었을까요? 일희일비했던 마음 때문입니다. 그녀를 만나기 전, 수많은 친구들이 저를 스쳐 지나갔습니다. 그들을 너무 사랑했기에 슬펐고, 미안했고, 성장했습니다. 나의 성찰과 반성을 토대로 지나간 친구들에게 주고 싶었던 사랑을 지금의 그녀에게 줄 뿐입니다. 처음부터 좋은 리더, 좋은 어른이었던 사람은 없을 겁니다. 일희일비했던 딱 그만큼 계속 사랑이 이어진다면 나는 이제 '컨티뉴어스'에 일희일비라는 단어가 가장 잘 어울린다는 해석으로 이 기나긴 글을 마무리할 수 있을 것 같습니다.

나로 시작되었던 이 기록이
우리의 기록이 되는 긴 여정에
동행해준 나의 영혼의 친구에게
진심으로 감사 인사를 전하며

나의 이 기록이
그대들의 '우리'에게 전달되어

먼 길을 홀로 가지 않았으면 합니다.
이제 윤소정은 이 긴 글을 마치며
기고, 걷고, 달리는 13년의 과정을 종료하려 합니다.
그리고 130년의 비행을 꿈꾸고 있습니다.

또다시 언제 책을 낼지는 모르겠습니다. 그때의 나는
어떤 생각으로 변화하고, 성장하고, 성숙해져 있을까
요? 그럼에도 세상에 던지고 싶은 나의 정리된 메시지
가 생긴다면 다시 용기 내 엮어보려 합니다. 그전까지
는 날것의 내 생각을 또 매달 말일 공유해둘게요. 힘이
들 때 열어보세요. 일희일비하며 꺼이꺼이 나아가는
친구의 날것의 삶의 냄새가 진동하고 있을 겁니다.

오래오래 일을 좋아하면서 나를 키우는 법

컨티뉴어스

초판 1쇄 발행 2023년 5월 15일
초판 3쇄 발행 2023년 6월 30일

지은이 윤소정
펴낸이 김선식

경영총괄이사 김은영
콘텐츠사업본부장 박현미
책임편집 옥다애 **책임마케터** 오서영
콘텐츠사업4팀장 임소연 **콘텐츠사업4팀** 황정민, 박윤아, 옥다애, 백지윤
편집관리팀 조세현, 백설희 **저작권팀** 한승빈, 이슬
마케팅본부장 권장규 **마케팅1팀** 최혜령, 오서영
미디어홍보본부장 정명찬 **영상디자인파트** 송현석, 박장미, 김은지, 이소영
브랜드관리팀 안지혜, 오수미, 문유정, 이예주 **지식교양팀** 이수인, 염아라, 김혜원, 석찬미, 백지은
크리에이티브팀 임유나, 박지수, 변승주, 김화정 **뉴미디어팀** 김민정, 이지은, 홍수경, 서가을
재무관리팀 하미선, 윤이경, 김재경, 안혜선, 이보람
인사총무팀 강미숙, 김혜진, 지석배, 박예찬, 황종원
제작관리팀 이소현, 최완규, 이지우, 김소영, 김진경, 양지환
물류관리팀 김형기, 김선진, 한유현, 전태환, 전태연, 양문현, 최창우
외부스태프 교정교열 공순례 디자인 말리북

펴낸곳 다산북스 **출판등록** 2005년 12월 23일 제313-2005-00277호
주소 경기도 파주시 회동길 490 다산북스 파주사옥 3층
전화 02-704-1724 **팩스** 02-703-2219 **이메일** dasanbooks@dasanbooks.com
홈페이지 www.dasanbooks.com **블로그** blog.naver.com/dasan_books
종이 신승지류유통 **인쇄** 북토리 **코팅 및 후가공** 제이오엘앤피 **제본** 국일문화사

ISBN 979-11-306-9950-9 (03190)